Marcel Nuss

LES CHEMINS D'EUTERPE

© 2021, Marcel Nuss
Édition : BoD – Books on Demand,
12/14 rond-point des Champs-Élysées, 75008 Paris
Impression : BoD - Books on Demand,
Norderstedt, Allemagne

Autoéditions – Marcel NUSS
Dépôt légal : Octobre 2021
Couverture : Aurélie Daget
ISBN : 9782322395651

Le Code de la propriété intellectuelle n'autorisant, aux termes des paragraphes 2 et 3 de l'article L. 122-5, d'une part, que les « copies ou reproductions strictement réservées à l'usage privé du copiste et non destinées à une utilisation collective » et, d'autre part, sous réserve du nom de l'auteur et de la source, que les « analyses et les courtes citations justifiées par le caractère critique, polémique, pédagogique, scientifique ou d'information », toute représentation ou reproduction intégrale ou partielle, faite sans le consentement de l'auteur ou de ses ayants droit ou ayants cause, est illicite (article L. 122-4). Cette représentation ou reproduction, par quelque procédé que ce soit, constituerait donc une contrefaçon sanctionnée par les articles L. 335-2 et suivants du Code de la propriété intellectuelle.

A Mathieu et Elodie
qui ont changé ma vie pour toujours

C'est dur mais c'est comme ça

L'apparition

J'ai vu une fée, une fée aux cheveux blonds
Quand j'ai vu cette fée, mon cœur n'a fait qu'un bond
Ses beaux yeux verts me disaient viens, viens,
J'y suis allé mais il n'y avait plus rien, rien,
Que le reflet dans l'eau claire et limpide
Qui me susurrait, t'as été trop intrépide
Lorsque tu vois une apparition magnifique,
Vérifie de peur qu'il n'y ait une fin tragique.

Manuel

Qu'il était beau mon espagnol
Avec ses yeux d'un noir de jais
Qu'il était beau mon espagnol
Quand ses yeux noirs me transperçaient.

De lui un fluide émanait
Qui me poussait à l'enlacer
De lui un fluide émanait
Qui me poussait à l'embrasser.

Qu'il était beau mon espagnol
Avec ses yeux d'un noir de jais
Qu'il était beau mon espagnol
Quand ses yeux noirs me transperçaient.

Mon cœur me disait attention
Il ne faut jouer avec l'amour
Mon cœur me disait attention
Cela finira mal un jour.

Qu'il était beau mon espagnol
Avec ses yeux d'un noir de jais
Qu'il était beau mon espagnol
Quand ses yeux noirs me transperçaient.

J'ai donc délaissé mon amour
Pour revivre au grand jour
J'ai donc délaissé mon amour
Sachant qu'en mon cœur il sera toujours.

Qu'il était beau mon espagnol
Avec ses yeux d'un noir de jais
Qu'il était beau mon espagnol
Quand ses yeux noirs me transperçaient.

Hymne au soleil

Soleil, que j'aime ta couleur,
Soleil, que j'aime ta chaleur !
Que j'aime ôter mes oripeaux,
Pour que tu me lèche la peau.
Pour que tu me brûle la peau.
Soleil, fais-moi suer sang et eau
Toi, sans qui il n'est vie.
Quand je te vois, mon corps revit.
Tu fais mes joies, tu fais mes pleurs.
Soleil, tu fais mon bonheur !
Toi, sans qui il n'est de vie.
Soleil… tu es ma vie.

Le droit d'aimer

L'amour est venu frapper à mon cœur
Il m'a dit : « Laisse-toi aller au bonheur »
Mais je n'ai pas droit au moindre bonheur :
(Je suis handicapé, pour mon malheur !)
Je n'ai pas le droit de dire : « Je t'aime ».
Je n'ai que le droit de rêver,
Mais ça au moins, je veux le préserver.
Pouvoir dire en rêve : « Je t'aime »
Que ce soit à midi ou à minuit…
Vivre avec toi un amour passionnel
Ce sera un amour personnel
Un rêve où deux être auront joui
Tout cela pour qu'en réalité
Mon amour, tu n'aies de difficultés
A choisir entre un amour impossible,
Et un autre qui t'est accessible.

Vivre libre

Les oiseaux m'ont réveillé ce matin,
Penchés sur les hautes branches du pin
Dressés fièrement devant la fenêtre.
Leurs doux chants emplissaient tout mon être
Et tels ceux qui envoûtèrent Ulysse
Me plongeaient dans un profond abysse
De rêve, où je me voyais pareil
A l'hirondelle, flânant sous le soleil,
En assistant à ce fourmillement
De petits êtres se bousculant,
Ne faisant guère attention à leurs pairs
Alors que moi je volais en plein air
Loin de tout cela et ivre, ivre
De joie et de soleil, enfin libre.

L'étalon noir

Il était beau, mon étalon bai,
Avec sa crinière sombre !
Il était noble quand il se cabrait,
Et qu'il galopait après son ombre,
Qu'il essayait de rattraper
En la poursuivant à travers près.
Il était fier, il était racé,
Et j'arrivais tout à le caresser ;
Lorsque son imposant regard noir
Sur moi se fixait plein d'espoir
Sentant que j'irai le promener,
A travers les prairies vallonnées ;
Qu'il pourrait trotter allègrement,
Sa belle crinière offerte au vent.

Rêve

Je t'aime, je t'enlace, je t'embrasse…
Tu m'aimes, tu m'enlaces, tu m'embrasses…

Dans le foin tendrement je te dépose,
Ton corps délicatement à nu je mets…
Que ne puisse durer cet instant à jamais
Où on ne fait plus apothéose
D'un amour de deux êtres faisant abstraction
D'eux-mêmes ! Ne vivant plus que leur passion,

Très loin des problèmes de ce bas monde.
Mais tout s'achève, même les beaux rêves
Où sont liés amour et passion brève,
Leur rendant le réveil plus immonde.
Pourtant qu'il fait bon rêver, laisser son esprit
Se forger un moule où l'amour n'a de prix.

Je t'aime, je t'enlace, je t'embrasse…
Tu m'aimes, tu m'enlaces, tu m'embrasses…

Louanges pour une inconnue

O toi, la plus belle création de Dieu,
Lorsque tu apparais, tu envoûtes mes yeux
Et tu emplis mon corps d'un étrange frisson…
Grâce à toi, de vivre j'ai une raison.
O femme, toi dont la beauté n'a de pareil…
Que j'aime sentir ta présence en mon sommeil !
Que j'aime quand tu m'offres ton corps à mon réveil !
O femme, toi ma vie, mon éternel soleil !
Tes louanges, je proclamerai toujours
O toi, Déesse de la Vie et de l'Amour.

Sacrée monogamie

Entre deux femmes est déchiré mon cœur
Toutes les deux font ma joie et mon bonheur
Hélas, cent fois hélas ! Pour mon grand malheur
En France la monogamie est de rigueur !!!

Ô Ève tes yeux

Ô Ève, pourquoi de bijoux te pares-tu ?
Alors que les plus beaux en toi sont incrustés…
En valeur mis par leur bel écrin, pailletés
De noirs cils, qu'à faire cligner tu t'évertues.
Lorsque je les regarde, mon cœur chavire,
Et comme un phare au milieu de l'océan
La nuit ils me guident vers ton corps doux et aimant,
Où avec volupté je vais me blottir.
Entouré de vingt, de cent, de dix-mille feux.
Vert de gris, scintillant de mille éclats : tes yeux.

Prière pour ?

Qui es-tu, où es-tu, Toi qu'on appelle Dieu ?
Et dont on clame les louanges en tout lieu…
Tu veux que sur Terre règnent Paix et Amour,
Et pourtant des Hommes se battent tous les jours
En ton nom. Ils vivent en Terre britannique,
Leur guerre en vérité est politique !
D'autres te prient pour abréger leurs physiques
Souffrances. N'entends-tu donc pas leurs suppliques ?
D'autres encore se tuent pour un chagrin d'amour
Et ils ne savent même pas ce qu'est l'Amour.
Moi, j'aimerais que de mon mal tu me délivres
Pour qu'avec la femme, que j'aime, je puisse vivre.
Toi qu'on dit si bon, si vraiment tu existes…
Pourquoi ne changes-tu pas ce monde triste
En donnant aux hommes une seconde chance ?
Pourquoi n'en bannis-tu pas toute souffrance
Pour faire de cette Terre ensanglantée
Un paradis où les hommes frères pourront chanter ?

Renaître

Ô Dieu ! Jamais plus ma vie ne sera la même :
Mon cœur ne vit que pour elle, qu'y puis-je, je l'aime…

Avant toi, ma vie était superficielle,
Car mes états d'âme j'avais mis en sommeil,
Derrière une cuirasse d'indifférence
Et de lyrisme. Seul moyen de défense
Que j'avais trouvé pour me protéger d'autrui,
Dont l'hypocrisie peu à peu m'a détruit.

De cette cuirasse j'essayais mais en vain,
De me débarrasser. Quand un beau jour tu vins,
Resplendissante de vie et envoûtante ;
Sorte de fée, nimbée d'une opulente
Chevelure auburn, qui mettait en valeur
Deux yeux verts, d'où émanait une douce chaleur,
Patiemment tu as réussi à me mettre
En confiance. Ainsi j'ai pu me permettre,
Jour après jour, à te dévoiler mon vrai moi
Que, malgré moi, j'hibernais depuis tant de mois.

Grâce à toi, ma vie a retrouvé un but :
Rayer le passé, tout reprendre au début.
Comme si je naissais une seconde fois…
Naissance qui serait la bonne cette fois,
Puisqu'elle ne serait alimentée chaque jour,
Que de nos joies, de notre amitié et de mon amour…

Ô Dieu ! Jamais plus ma vie ne sera la même :
Mon cœur ne vit que pour elle : qu'y puis-je, je l'aime !…

Amour quand tu nous tiens

Amour quand tu nous tiens, c'est souvent pour de longs jours,
On appelle communément cela « le mal d'amour ».
C'est une maladie qui grossit jour après jour,
Et quand on en guérit, c'est pour avoir le cœur lourd !

Petit trou

Petit trou ressemblant à un petit puits,
Pour te faire on avait ma chair meurtrie
Longtemps je n'ai pas voulu t'admettre,
Mais maintenant de toi me démettre
Je ne puis plus, car tu es un grand ami
Qui, pour moi, est synonyme de vie.

Petit trou ressemblant à un petit puits,
Pour que tu restes ouvert jour et nuit,
Une canule on t'a enfoncé,
Que tu as accepté sans sourcil froncer.
Un rite son changement est devenu.
J'en ai une sainte horreur, car être mis à nu
J'ai la sensation. Et pourtant chaque jour
On le fait avec délicatesse et amour.

Ô joli petit trou, joli petit puits,
Me séparer de toi jamais je ne puis.
L'un à l'autre pour la vie sommes unis,
Et jusqu'à la mort resterons amis.

Ces doux mots

« Je t'aime… » que ces doux mots enchantent mes oreilles,
Car pour me rendre heureux, ils n'ont point de pareil.
« Je t'aime… » tu ne me le répéteras jamais assez,
Car de ces doux mots je ne pourrai jamais me lasser.

Sous le signe de la souffrance

Je ne suis point né sous le signe du Verseau,
Encore moins sous celui de la Balance…
Je suis né sous le signe de la souffrance ;
Signe que je dois subir depuis mon berceau.

Combien de fois n'ai-je pas souffert le martyre,
En cette vie qui ressemble à une satire !

C'est en ce temps-là que débutèrent mes maux.
Jour après jour, ils m'ont rongé, supplicié, tels
Une multitude d'invisibles bourreaux,
Qui de mon corps ont envahi chaque parcelle.

Combien de fois n'ai-je pas souffert le martyre,
En cette vie qui ressemble à une satire.

Mais à mes yeux, il en est de plus douloureux
Encore : on le nomme le mal d'amour.
C'est un mal qui très souvent vous prend de court
Et puis peut vous rendre heureux ou malheureux
Mais cela fait partie de la règle du jeu,
Ce terrible jeu que jouent tous les amoureux.

Combien de fois n'ai-je pas souffert le martyre,
En cette vie qui ressemble à une satire…

Au nom de ce que j'ai de plus cher sur Terre

Ô Dieu… Que je souffre, tout mon corps me fait mal !
Mon cœur n'est que douleur, et tel un animal
Blessé, j'ai envie de hurler ma souffrance
Aux cieux. Cette intolérable souffrance
Qui « défense d'épancher son cœur » se nomme,
Et qui m'empêche d'aimer comme tout homme ;
Car je n'ai aucun moyen de défendre
Mon amour, qu'un autre homme peut me prendre
A tout instant. Et sans le laisser paraître,
De toutes ses forces se révolte mon être.
Mais en vain : je ne resterai toute ma vie
Qu'un incurable impotent, cloué au lit !
C'est pourquoi je ne peux, en mon for intérieur
Lier à moi, pour le pire et le meilleur,
Une femme dont je pourrais le bonheur
Faire. Non, je ne veux pas faire son malheur !
Et au nom de ce que j'ai de plus cher sur Terre,
Je ne peux accepter que ta vie tu enterres
Pour moi. Mais qu'il est dur de ne pouvoir aimer
A cœur ouvert côtoyer sa bien-aimée
En faisant ses nobles sentiments taire.
Mais que voulez-vous contre le destin faire…
Ce terrible destin qui, d'un jour à l'autre,
Vous fait malade ou sain, riche ou pauvre…

Elle est venue

Mon cœur, tu es au désespoir :
Ne viendra-t-elle pas ce soir ?
Non, tu ne peux pas y croire,
Elle ne trahira pas ton espoir,
De pouvoir ce soir la revoir.

Mon cœur, tu revis pour un soir,
Tu ne revis rien qu'à la voir
Apparaître dans le miroir,
Silhouette fugitive
Qui, d'un coup, ta joie ravive.

Elle n'a pas trahi ton espoir,
Puisqu'elle est venue te voir
Et comme elle le fait chaque soir
Sur ton lit, elle vient s'asseoir.
Quelle joie d'à tes côtés l'avoir !

Mon cœur chasse ton désespoir
Elle est venue ce soir ;
Maintenant tu peux y croire,
Car de tes yeux tu peux la voir
Et ses paroles tu peux boire.

Ne pourrait-elle

Mon cœur tu te languis, mon cœur tu es blessé.
Ne pourrait-elle cette flamme apaiser
Qui m'a consumé, si inexorablement,
Ne remplissant de cette lave si étrangement
        Délicieuse.

Ne pourrait-elle m'aimer comme je l'aime,
Récolter cet amour que pour elle je sème ?
Ne pourrait donc son cœur battre à l'unisson
Avec le mien, oubliant toutes ses raisons
        Si futiles.

Mon cœur tu te languis, mon cœur tu es blessé.
Mais que faire pour cette douleur apaiser ?
Patiemment ronger cette barrière dressée
Pour pouvoir, petit à petit, son cœur embrasser.

Trac

Il nous prend à toute heure ;
Nous étreignant le cœur,
Nous baignant de sueur,
Nous nouant l'estomac :
Eh oui ! C'est lui, c'est le trac,
Celui dont on a si peur,
Car il nous met dans tous nos états,
Toujours quand il ne faut pas…

Je te regarde

Je te regarde travailler
        Studieuse
Je te regarde vivre
        Radieuse
Je te regarde sourire
        Déroutante
Je te regarde belle
        Envoûtante
Et je t'aime
Je te regarde vivre
        Et je vis
Je te regarde sourire
        Et je souris
Je te regarde belle
        Et je me vois beau
Je te regarde, je te regarde
        Et je t'aime.

J'imagine

Jour et nuit, nuit et jour
Mes pensées sont tournées vers toi
Et j'imagine

J'imagine une vie
Où il n'y aurait que
Toi et moi
Mais

J'imagine nos corps enlacés
Ne faisant qu'une seule pensée
Ne faisant qu'un
Mais

J'imagine ton corps assouvi
Et ton cri de plaisir
Sur cette plage dorée
Par la lune
Mais

J'imagine nos deux corps
Nus
Courant dans les vagues
Et balayés par le ressac
Mais

J'imagine deux êtres
Heureux et comblés
Toi et moi
Mais

Mais ce ne sont qu'imaginations
Fébriles

Noël, Noël
Ou non à l'injustice

Noël Bonheur et malheur
Joies et pleurs
D'un côté l'on festoie
Autour d'un feu de bois
Dinde farcie, bûche et liqueurs
De l'autre côté l'on meurt
Dans la misère
Sous un pont ou sur un trottoir
De faim, de froid et de désespoir.
Noël
Jour béni
Qui fait la joie de tant d'enfants
Mais qui en oublie tant d'autres
Noël, Noël
Pourquoi tant d'injustices
En un jour si vénéré
Symbole d'amour
Et de fraternité.

Un épi pour une loterie

Ô toi faucheur décharné
Qui empoisonnes mes jours
Et hantes mes nuits
Je te hais
Car je te crains

J'ai peur de ce jour fatidique
Où tel un épi de blé
Tu viendras me faucher
Mortel parmi les mortels
En ce champ foisonnant
Que tu es ô ma Terre

Et à la loterie
Au hasard d'un jour
Mon âme mortelle
Me fuira pour toujours
Comète immortelle
En de célestes nuées

Mais ô combien
J'ai peur oui j'ai peur
De ce jour fatal
Où tu viendras à moi
Ô faucheur décharné.

Credo

Ô musique
Tu enchantes mes oreilles
Et tu embaumes mon cœur
Que tu sois
Classique
Jazz ou Pop
Rock ou Folk
Je t'aime
Tu es ma vie
Tu es ma raison d'être
Sans toi mes jours n'auraient de sens
Que je sois furieux ou déprimé
Tu es là ô musique
Pour me réconforter et me donner
Joie et bonheur
Ô musique
Je t'aime, je t'aime
Oui je t'aime
Toi ma joie, mon réconfort.

Je suis fou

A peine un amour s'en vient-il de s'achever
Que me voilà fou
Mais que cette folie est douce
Qu'elle est agréable
Oui je suis fou
Et j'ai tant envie de le rester
Car je suis fou
Fou d'amour
Fou de toi
Que veux-tu je t'aime
Je t'aime de cet amour
Qui engendre des folies
Des folies sans fond
Je sais
Mes amours aux amours se succèdent
Mais il fait si bon d'être fou
Fou de cette folie qui sera
Tant que je serai
Mais aujourd'hui
Mon cœur n'est empli que de toi
Alors que demain est loin si loin
Et que je suis fou
Fou d'amour
Fou de toi…

Requiem

Mon amour d'un jour m'a quitté
Pour toujours
Quitté mon âme
Quitté mon corps
Ne laissant en mon cœur
Que de fades remords
Remords d'avoir osé
Osé aimer
Remords d'avoir fait souffrir
Souffrir un cœur qui n'est mien
Remords, remords
Et amertume
Amour sans retour
Amertume
Amour raté
Amertume
Cœurs saignés
Amertume
Amertume et remords
Remords et amertume
Le cœur ne connaîtra-t-il jamais autre chose ?

L'homme-saisons

Quel est ce cœur qui bat
Au rythme des saisons
Saisons d'une vie
Vie de saison
Saison d'été
Vivre à satiété
Saison d'automne
Vie atone
Saison d'hiver
A l'ombre d'un sapin vert
Saison de printemps
Réveil caressant
Quel est donc ce cœur qui bat
Au rythme des saisons
Saison d'un jour :
Saison d'amour
Saison de toujours :
Saison du temps qui court
Mais quel est donc ce cœur qui bat
A l'unisson
C'est celui de l'homme qui va
Au rythme des saisons.

Déchirure

Être tourmenté
Être torturé
Être insatiable
Être irritable
Quel est cet être qui est en moi
Et que je ne connais pas
Un être vulnérable à la croisée des chemins
Et qui tel un pauvre dément
Est ballotté au gré des courants
Un être torturé en son sein
A la recherche du mal ou du bien
Quel est cet être qui est en moi
Et que je ne connais pas
Une pauvre âme errante
Au gré des tourmentes
Un pauvre corps frigide
Empli d'un immense vide
Quel est cet être qui est en moi
Et que je ne connais pas
Un pauvre Hère céleste
Promenant sa mélancolie
Dans l'univers de la vie
Quel est cet être qui est en moi
Et que je ne connais pas
Qui que tu sois
Si tu le sais
Dis-le-moi.

Désillusion

...
Et l'on se retrouve
Avec l'envie de se perdre
On se retrouve
Seul
Seul face à soi-même
Face à son dernier dilemme
On se retrouve seul
Pour voir ce qu'on redoutait tant
Ce qu'on abhorrait tant
Sa vieillesse
Cette vieillesse inexorable
Qui ronge et qui tue
Vous laissant seul et vieux
Vieux
D'avoir trop vécu
Trop aimé
Trop souffert
Mais quelle importance
On se retrouve seul, vieux et on pense
On pense à tout, on pense à rien
On pense aux siens
On pense à cette vie de leurres
On pense et on pleure
Et toujours on se retrouve
Seul et vieux
Mais pourtant on espère
On espère que s'égrène la vie
Avec son ennui et ses soucis
On espère de dernier espoir
Et on prie.
...

Obsession

Imagine
Qui continuellement
Est là
A me guetter
A me narguer
Obsédante.

Image
Dont la peur
En moi s'est infiltrée
En moi s'est installée
Etouffante.

Image
Qui pourtant
Avec le temps
A vivre en sa présence
M'est devenue
Envoûtante.

Image
Fuie et recherchée
Crainte et aimée
Image de la mort
Image de l'amour
Je ne sais.

Et sans doute ne saurais-je jamais les différencier
Ces deux images
Paradoxes encombrants
D'une vie
Trop encombrée.

Utopie

Tu es là, immobile, devant moi
Souriant des lèvres et souriant des yeux
J'ai tendu mes mains
Et lentement t'ai dévêtue
A la vue de ton corps nu
Je me suis ému
A sa beauté
Je me suis extasié
Puis doucement je t'ai pris dans mes bras
Et telle une porcelaine
Délicatement t'ai déposée sur les draps
Que tu étais belle en ce lit couleur de lilas
A peine t'avais-je rejointe
Que câline contre moi tu t'es blottie
Alors je t'ai enlacée
Je t'ai embrassée
Je t'ai caressée
Je t'ai aimée
Oui j'ai fait l'amour avec toi
L'Amour dans tes bras
Mais jamais tu ne t'en souviendras…
C'était ton mirage
Que je serrais contre moi.

Brève rencontre
ou l'éternelle cigarette

Elle était là
Assise en face de moi,
Si près et si loin à la fois,
Entouré d'une volute
De méfiance et d'indifférence
D'une volute de fumée,
De fumée grise,
Qui faisait écran
Entre elle et moi.
Moi qui la regardais, l'admirais,
Alors qu'elle ne me voyait pas
Derrière son écran de méfiance.
Qui était-elle ?
Que pensait-elle ?
Derrière son écran d'indifférence ;
Qu'elle était belle,
Enigmatique et sensuelle,
Derrière son écran de fumée grise
« Les passagers à destination de… »
Se prénommait-elle :
Caroline, Martine ou Elise ?
Jamais je ne saurai ;
Elle vient de me quitter
Via Alger, Bangkok ou Venise ;
Me laissant seul avec son écran de volute grise,
Qui se consumait sur le bord d'un cendrier,
Au rythme décroissant de ses pas.

Carmen ou l'idéal

Il sera une fois…
Une foi sans nom.
De celle dit-on
Qui soulève des monts…

Carmen une vie.
Vivons-la à deux.
Deux cœurs
Cœurs simples
Simplement…

Carmen moi
Mois de mai
Mais qu'elle est belle
Belle effarouchée
Effarouche-moi…

Carmen m'aime
Moi de même
Plus de problèmes.
Carmen et moi
Sous la même foi…

Cercle infernal

Images animées
Animées par une vie
Une vie pleine d'exubérance
De force et d'expérience
D'Amour et de solitude
Une vie de Femme
Femme de rêve
Rêve d'amour
Amour fou
Fou d'amour
Amour de rêve
Rêve d'une femme
Femme idéale
Idéale en images
Images qui défilent
Vie qui s'écoule
Rêve qui s'effrite…
Idéal qui s'écroule…
Idéal qui s'écroule
Devant un écran blanc de platitude
Qui demain se ranimera
Alors que je serai là
Pour revoir ces images animées
Animées par une vie
Une vie de Femme
De Femme inaccessible…

Pauvre mortel

Pauvre mortel
Tu n'as qu'un but
Qu'une voie toute tracée :
Trimer, bosser
Sans fin, jusqu'au bout
Jusqu'à en être usé, à ne plus pouvoir servir
Et pourquoi ?
Pour quelques sous
Des sous de misère
Pour une place au cimetière

Pauvre mortel
Un jour tu te rends compte
Que tu l'aimes
C'est le plus beau, la plus belle
La seule, l'unique
Tu aimes et tu souffres
Tu aimeras jusqu'à la séparation :
Déchirure intolérable, inéluctable
Mais tu aimes à en mourir
Tu aimeras jusqu'au dernier sourire
Jusqu'au dernier soupir

Pauvre mortel
Tu vas, tu viens
Tu cours, tu tombes
Tu trimes, tu fatigues
Tu vis, tu souffres
Tu aimes, tu te fixes
Tu nais, tu meurs

Pauvre mortel
Regarde-toi,
Mais regarde-toi en face
Où vas-tu ?
Que fais-tu ?
Pour qui ?
Pour quoi ?
Le sais-tu ?

Pauvre mortel
Vis ta vie
Vis-la à fond
Sans regard en avant
Sans regard en arrière
Au jour le jour
Vis-la pendant qu'il est encore temps
En te débarrassant de ses jougs, de ses astreintes
Et de tes conformismes inutiles
Profites-en sans remords
Jouis sans déplaisir
Vis sans restriction
Vis pour voir, pour sentir

Pour comprendre et aider
Vis pour le bonheur
Celui des autres, le tien
L'un ne va pas sans l'autre
Mais vis

Vis pauvre mortel
Vis jusqu'à la lie.

Le paria

Tel une épave
Echoué sur un récif
Qui, érodée par le ressac, le vent et les ouragans
Va, tas de ferrailles pathétiques, couler
Couler vers les abysses de l'éternel oubli
JE ME MEURS
Epave
Rongée par l'alcool,
Les regrets, les remords,
Les envies inassouvies
Et les coups du sort
Loque humaine
Epave de chair à la dérive
Fuyant son destin
Pour aller vers l'oubli
Pour retrouver l'oubli…
Ballottée par les vagues
Au-dessus d'un récif de corail
Couleur d'Amour !

Femme
ou l'incompréhensible incomprise

Deviner
Cet esprit complexe
Ce regard profond
Deviner
Ce cœur qui bat
Ces seins tendus
Deviner cette toison bouclée et soyeuse
Ces lèvres accueillantes
Deviner
Mais comment deviner
Un esprit fuyant
Un corps voilé

Deviner pour mieux pénétrer
Cette pyramide inexpugnable
Ce fruit défendu
Deviner pour mieux comprendre
Cette poupée russe

Ce mystère éternel
Deviner
Mais comment
Comment deviner
Un être si proche
Et si lointain…

La réponse peut-être, est en ce seul mot :
Respecter !
Cette femme, cette Mère, ce Cœur, ce Corps
Dignes d'un respect
Qui amènera l'Amour
Cet amour unique et inestimable
Et qui dévoilera un peu de cette « incompréhensible incomprise »

Fumée

Quelle est cette fumée
Qui s'échappe, anonyme, d'une ouverture baillant aux cieux
Fumée
De volutes noires, grises ou blanchâtres
Qui va au gré des vents,
Vent d'Est, vent d'Ouest,
En dessinant des arabesques
Sur fond d'Azur
Fumée
Qui va, se dispersant, se dissolvant
Dans l'atmosphère oppressante
D'une journée d'été
Couleur d'« Azur accueillant »

Cette fumée
C'est moi
Mon corps, mon âme
Qui partent en fumée
Fumée de volutes noires, grises ou blanchâtres
Allant au gré des vents,
Vent du Nord, vent du Sud,
En composant une symphonie funèbre
Sur fond d'Azur
Fumée de vie emportant la mort
Fumée de mort animée de vie
Qui sème mon corps aux quatre vents
Molécule de vie
Aura majestueuse
Poussée par le souffle de la « Liberté »
Pour féconder l'infini…

Cafard

    Cafard :
Cette fille si belle
A en perdre le désir
Cette fille qu'on appelle
A en perdre la voix, les larmes au bord des yeux
Cette fille qui est là
Mais qu'on n'atteint pas

    Cafard :
Ce sexe qui se tend
Et ne peut pénétrer
Ce sexe qui se tend
Et ne peut labourer
Ce sexe qui se tend
Et ne peut féconder

    Cafard :
Ces fêtes pour capitalistes blasés
Où il y en a autant pour les cochons que pour eux
Ces gosses qui fouillent dans les poubelles
Pour bouffer les restes un jour de St Sylvestre
Ces vieux qui ne cessent de vieillir
Et se traînent, se traînent… à côté d'orgies blasphèmes

    Cafard :
Cette mort dérisoire qui nous attend
Au coin, au tournant
Cette mort qui fait attendre
Son dernier soupir
Cette mort qui se lasse
De ne plus pouvoir mourir

    Cafard :
Tristesse, dégoût
Ras-le-bol, ras-le-cul
Dépression, dépressif
    Cafard, cafard
Elle est là
Qui se meut, qui parle, qui sourit
Qui sourit à en oublier son cafard
Elle est là
A vous faire boire ses paroles
A vous nourrir de sa vue
A vous gaver de son image
Mais elle ne reste, elle ne peut rester
Et tout s'étiole avec un goût amer, un goût de cafard

Cafard :
Cette fille belle à en crever… de l'attendre mirifique
Ce sexe qui se tend et ne fécondera jamais
Ces fêtes pour pourris dégoulinant de fric
Cette mort qui fait attendre son dérisoire dernier soupir
Et puis Merde !....
      Cafard, cafard
Pour une vie de con sans fond à tourner en rond
Pour de cons de ronds-de-cuir qui malgré leur cuir tanné
                          ne sont pas invulnérables
Au cafard
Eux non plus.

                                                      A Beethoven et à Damaris

Le poème à Damaris
« Sonate de mots »

      Damaris
Que cela sonne doux à mes oreilles
      Damaris
Musique venue du fond des âges pour se diluer dans l'éternité
      Damaris
Que cela fait mon être
      Damaris
Un DO-MI-RE de Stradivarius

Que tes vingt printemps gardent la fraîcheur
De ton prénom qui fleure si bon
Que de tes doigts dansants naissent une musique
Aussi douce et mélodieuse que ce prénom
      Damaris
Que ton cœur embaume les étendues immenses
De ce « chant » qui te sied à merveille
Que tes yeux reflètent
Cette mélodie indéfinissable qui te définit si bien
      Damaris

Damaris, Damaris
Que cela sonne doux à mes oreilles
      Damaris
Musique venue du fond des âges pour se diluer dans l'éternité
      Damaris
Que cela fait chanter mon être
      Damaris
  Un DO-RE-MI de Stradivarius
      Damaris
Sonate pour contes des mille et une nuits…

Voyage au pays du bonheur

Il y eut des matins il y eut des soirs
Ainsi défilèrent les jours et passèrent les années

Puis il y eut un matin
Un matin de printemps qui se fait attendre
Gris et pluvieux avec un vent frisquet venant du Nord…
Pourtant que ce matin-là fut doux et ensoleillé…

Elle est apparue…

Surgissant de partout et de nulle part
Avec ses cheveux couleur de blé mûr
Et pleine de son soleil d'Italie
Femme parmi les Femmes mais ô combien unique
Plus mûre que les blés et belle
Belle de cette beauté indéfinissable
Qui …
Mais que tout cela était confus…

Et il y eut le soir
Un soir bien mal venu
Mais inévitable inéluctable
Un de ces soirs qui rime avec désespoir

Et elle disparut…

Etoile parmi les Etoiles dans la nuit blême…

Me laissant seul
Avec sa voix flottant dans ma tête
Son image dansant devant mes yeux
Et son parfum plein d'une promesse…
D'une promesse…

« Laura le lac Majeur
S'est installé en mon cœur
Mon Aura s'y baigne et s'y prélasse
Et encore et encore…
Car Laura
C'est là-bas tout là-bas
Sur les bords du Lac Majeur
Qu'un jour
Nous penserons à l'unisson. »

Il y aura des matins il y aura des soirs

Et défileront les jours et passeront les années
Mais quelle importance
Car aussi loin que tu puisses être
Plus jamais nous ne serons séparés
LAURA … !

Et c'est ensemble que nous ferons ce voyage
Sur les bords du lac Majeur
Ce voyage au pays du Bonheur.

Euthanasie

An de Grâce 2000 et des poussières…

Une pièce blanche et nue
A l'exception d'une table
Recouverte d'un drap blanc
Un homme s'y tient qui attend
Blanc parmi les murs blancs portant masque et calot…
La pièce est aseptisée…

Un autre y pénètre
Tenant maternellement dans ses bras
Un corps
Malingre et difforme
Sans vie ou presque
Car ses yeux sont animés, affolés !
Il voudrait crier, hurler mais ne peut
Cela lui reste en travers de la gorge comme une boule
Il a compris, il sait…

On le dépose tendrement
Sur le drap blanc de la pièce blanche
Dans ses yeux passent tour à tour
La peur et le dégoût
La rage et la résignation
Car il sait…

L'homme en blanc s'approche regard fuyant
Cherche une veine
Et y enfonce une aiguille…
Sous la douleur les mâchoires se crispent
L'inquiétude enfle
Il sent le piston qui s'enfonce
Et soudain ses yeux se révulsent se fixent inertes
Sur les murs blancs de la pièce blanche

La seringue n'était qu'emplie d'air…
Embolie

« AU SUIVANT »

Et l'on reprend tendrement

Le corps malingre et difforme
Privé de vie
Qui dans l'ultime instant
A vu passer dans sa tête des images et des pensées
Fulgurantes

Année 70… dispensaire SPA … Comme des chiens… Comme eux…
On le reprend pour l'emmener
Mais où ?

« AU SUIVANT »

Qu'ils aient 10 ou 20 ans 35 ou 53
Quelle importance ?
Ils n'étaient pas nés sous le signe de la chance
Dans une société industrialisée, mécanisée
Faite de machines et d'hommes robots
Où ne compte que production et bénéfice
Qu'y faisaient-ils eux les improductifs
Les boulets
A la traîne, à la charge
D'un état de « technocrates robots »
Qui ne pensent que rentabilité

Alors…

Une pièce blanche et nue
A l'exception d'une table
Recouverte d'un drap blanc
Une pièce aseptisée
C'est normal
Cela se fait proprement
L'Euthanazi
A bonne conscience
Dans une société civilisée

Une pièce où un homme en blanc parmi les murs blancs
Attend
En regardant une fumée noire
S'échapper de la cheminée d'en face…

« AU SUIVANT »

Etre

Je suis comme je suis !
Ni pire ni mieux que les autres…
Je suis comme je suis !
Et à la bonne vôtre…

Je suis comme je suis !
Et n'ai pas du tout envie de devenir autre…
Je suis comme je suis !
Et à la bonne nôtre…

Douceur

« Douceur »
Assise sur ce tronc d'arbre
D'où tu fixais mélancolique
Le courant d'une onde impure
Qui coulait à tes pieds
Transportant
Feuilles et brindilles
Canoës et détritus
Et ton reflet qui reflétait le soleil
Tu ressemblais à…

« Douceur »
Assise sur ce tronc d'arbre
Avec ta robe fleurie
Joliment évasée
Nimbée de soleil
Et couronnée par les feuilles bruissantes
D'un saule rieur
Avec les oiseaux qui te faisaient aubade
Tu ressemblais à… « douceur »
Assise sur ce tronc d'arbre
Avec tes yeux couleur d'azur
Qui fixaient nostalgiques
Ce courant d'une onde impure
Qui reflétait tes 20 ans pleins d'une douceur éternelle
Tu ressemblais à un poster d'Hamilton…

Qui à jamais
S'est incrusté indélébile
En mon cœur…

Rivages

De Foehn en Tramontane
De Tramontane en Sirocco
De Sirocco en Simoun
Mon cœur euphorique s'est laissé emporter
Vers ces rivages lointains
Où se trouve un paradis indescriptible :
Les rivages de l'Amour…

Au fait sais-tu que je t'aime ?

Que je t'aime
Avec autant de force et de chaleur
Que ces vents qui m'emportent

Qui m'emportent
Vers toi mon oasis
Mon coin de soleil dans un jour de grisaille
Toi
Ma blonde aux yeux bleus
Au sourire si doux et à la voix de cristal…

Dis, au moins le sais-tu que c'est toi que j'aime ?

Toi pour qui j'ai lancé vers les cieux
De toute ma foi
Deux mots si doux
Qui, de Foehn et Tramontane
De Tramontane en Sirocco
De Sirocco en Simoun
Voguent de-ci de-là
Voguent vers toi
Jusqu'au jour où
Telle une brise
Ils viendront effleurer ton visage
Caresser tes cheveux
Et souffler à ton oreille
Ces doux mots
Je t'aime

Et ce jour-là…
C'est tous les deux
Nus comme au premier jour et main dans la main
Que nous foulerons calmes et serins et pleins d'une certitude
Ces rivages lointains semés de tant d'embûches
Ces rivages sans fin
Les rivages de l'Amour…

Bonheur

Le Bonheur
C'est :
D'être auprès de Toi
De sentir ta présence alors que tu es si loin de moi
Le Bonheur
C'est :
Te voir vivre et respirer
Rire et pleurer
Chanter et rêver
Le Bonheur
C'est :
Tes yeux qui se posent sur moi doux
Tes lèvres qui esquissent un mot sans jamais le formuler
Ton cœur qui dit oui et ta raison qui flanche
Le Bonheur
C'est :
Ton souffle dans mes cheveux

Alors que tu fredonnes inlassablement
Les paroles d'une chanson qui commence par
-… Moi j'ai un jardin rempli de fleurs…-
Et qui finit toujours par des la la la…
Le Bonheur
Que de mots que de phrases
Pour définir ce qui est
Si beau
Si simple
Et qui n'a qu'un nom…
Le Bonheur
Mon bonheur
C'est Toi
Ma DOUCEUR.

Pluie

Flic, flac…
Flic, flac…
Mais qu'il est doux le chant de la pluie
Flic, flac…
Flic, flac…
Que ce chant-là enchante mon ouïe,
Flic, flac…
Flic, flac…
C'est le chant de la vie

Etats d'âme

Avant-propos

Ce recueil fait suite directement à « C'est dur mais c'est comme ça ». Il a été conçu sur une durée de trois années, les poèmes sont insérés par ordre chronologique.
Il est fait de trois parties :

- Dans la première, vous trouverez trois poèmes qui m'ont été dédiés et qui montrent comment les gens peuvent ressentir un handicap alors qu'eux-mêmes n'en ont pas.
- La deuxième sera composée uniquement de mes poèmes.
- Et dans la troisième partie, j'ai inséré deux textes que j'ai écrits à l'occasion de l'Année Internationale des Personnes Handicapées.

Dans tous les cas, mon souhait le plus cher serait que vous preniez autant de plaisir et d'intérêt à lire mes poèmes que j'en ai eu à les écrire.

Sérieux !

Il y a tant de choses importantes à faire pour gagner ses sous,
astiquer son appartement,
faire briller sa voiture,
être au courant de tout,
faire grandir les enfants,
que vraiment,
faire des poèmes, ou même…. lire des poèmes,
C'EST PAS SERIEUX !
Ne perdons pas notre temps… !

Que le poète s'appelle Marcel Nuss ou Tartempion n'y change rien :
tout ce qu'il fait, c'est de brasser des mots.

Et pourtant…

Ces mots qui rient, qui crient, qui grincent,
qui pleurent parfois,
qui s'enlacent,
qui trébuchent et se ramassent
qui sont torrents ou ruisseaux, miel de l'été et lave en fusion,
ces mots ne sont plus des mots :
ils sont Marcel, ils sont la Vie, ils sont moi ou toi,
car la page se fait miroir.

Philippe

J'ai vu ce soir un homme heureux...

A Marcel...

*J'ai vu ce soir un homme heureux
Du moins je crois qu'il l'était !
J'ai découvert l'espoir dans ses yeux
Si fort que jamais ailleurs je ne le trouverai
Qu'avait-il, me direz-vous, pour être ainsi ?
Il n'avait rien et il lui manquait la santé
Mais il avait le courage de triompher de sa vie
Il voulait vivre et simplement exister.*

*Cloué dans un lit triste depuis l'enfance
Condamné à rester ainsi de sa vie entière
Immobile... c'est atroce quand on y pense !
Mais il savait : impossible de revenir en arrière !
Alors il luttait pour l'avenir
Il aimait la musique, il écrivait des poèmes
Je l'ai écouté longtemps et quand j'ai dû partir
J'avais compris que je n'oublierai jamais ce cœur bohème*

*Nous, nous ne savons pas où est le bonheur
Et pourtant nous l'avons à portée de main !
Inutile comme lui, de le gagner dans le malheur
Alors pourquoi ne pas croire au lendemain ?
C'est si simple et si beau la joie
C'est si long et si dur d'y croire
Mais surtout, ne faites jamais comme moi
Croyez à la vie car, tant qu'il y a la vie...*
    il y a l'espoir !

    « Le fond du cœur est bien plus loin que le bout du monde... »
    Amicalement Gene.

Première rencontre

Un handicapé
Son corps est tordu décharné
Son visage asymétrique
Sa tête bloquée
Ses pieds...

Pour nos yeux désemparés une claque !
Mais pour lui nos regards ?
Qui peut vivre ainsi
Subir chaque jour
Les coups d'œil furtifs
Encaisser
Continuer à vivre et
Être heureux de vivre

Certains s'attardent fascinés
Ils entendent :
« Je parle
Ils écoutent
Ne voient plus mon corps
Je me tais
Leurs yeux seuls sollicités s'arrêtent :
Mon corps de nouveau là
Je parle j'existe
Je me tais je suis handicapé
Alors je parle je parle je parle
Et j'oublie
J'oublie qui je suis
Ceux qui restent, attentifs,
Croient avoir rencontré
L'homme

Pour eux ma voix : une source !
Mais pour moi mes mots ?
Qui peut vivre ainsi
Exister chaque jour
Au moyen d'une drogue
Encaisser
Continuer à vivre et
Être heureux de vivre

Certains plus attentionnés
Ou tout simplement
Plus aimants
Percevront une faille
Ceux-là
Derrière la carapace
Découvriront
MARCEL

Loup

Mais tu es prisonnier
Prisonnier de ton corps
Ton corps tu le traînes
Comme un boulet
Moi j'y ai ma source
C'est lui qui est à l'origine
De tout ce flot
Renouveau Espérance
Espoir...

Loup

Je + Tu = Nous

Je n'étais rien ou presque :
Qu'une âme errante
Qu'une tête sans corps
Qu'un corps sans Vie
Qu'une vie sans but
Je n'étais rien ou presque
Qu'un esprit en ébullition
Qu'un cœur en attente
Mais en attente de quoi ?
Je n'étais rien ou presque
Qu'un être à la recherche de sa Raison d'Etre...

Tu n'étais qu'Apparences
Pleines de fausses certitudes
Et de vraie naïveté
Tu n'étais qu'Apparences
Mais à la recherche
D'un petit bout de Lumière
D'un Signe
Qui te montrerait le chemin
Le chemin de la Vie
De la vrai Vie
Le chemin de l'Amour...

Et nous nous sommes rencontrés à l'orée d'un bois
Au bord d'une onde impure
Aussi trouble que nous...
Et nos regards se sont croisés
Timides...
Mais pleins d'une certitude...
C'est là que nous avons compris :
Moi, que tu étais ma raison d'être
Toi, que j'étais peut-être ton petit bout de lumière

Notre amour si fort
Qu'il a su redonner Vie
Saura t'il nous préserver de la Mort
Et nous montrer le chemin
De l'Eternité ?...
De notre Eternité ?

Utopie nocturne

L'aurore s'était installée
Amenant douceur et quiétude
Au-dessus de la vallée en éveil...
Quand le soleil rouge incandescent
Se mit à irradier l'horizon de ses rayons dansants
C'est alors qu'elle apparut
A l'orée d'un bois de Santal
Ses cheveux livrés au gré de la brise matinale
Couverte de perles de rosée
Et de deux fleurs de nénuphars parant ses seins
Une Belle Dame nichée sur son pubis de satin

Les insectes alentour dansaient une farandole folle...
Elle s'avança nimbée d'une clarté irréelle
Calme et sereine
Vénus ivre d'un bonheur éternel
Elle s'avança
Elle s'avança vers moi
Les bras tendus comme une promesse...
Elle s'avança
Elle s'avança inlassablement...

J'essayais mais en vain de l'atteindre...
Elle continuait à avancer
A avancer
Les bras tendus
Insensible et indifférente
Evanescente
Dans une nature qui reprenait vie...

Et la solitude m'emplit.

Un pauvre hère

Je ne suis qu'un pauvre hère Céleste
Qui vagabonde de folie en raison
Qui voyage d'utopie en réalité
Avec ses pensées comme seul bagage
Et son cœur comme seul bien.

Je ne suis qu'un pauvre hère Céleste
Avide de vie
D'amour et de beauté
Et pourtant las si las

Je ne suis qu'un pauvre hère Céleste
A la recherche de son chemin de Vérité
- Si tant soit peu il existe -
Et d'un petit coin de Bonheur tranquille et simple

Je ne suis qu'un pauvre hère Céleste
Avec son cœur comme seul bien
A t'offrir

Mais un cœur si plein de toi...

Je ne suis qu'un pauvre hère Céleste
Veux-tu errer avec moi
Dans les galaxies infinies de la Vie et de l'Amour

Je ne suis qu'un pauvre hère...

Credo pour une femme que j'aime

Je crois en toi
Qui me rends à la vie
Toi qui vis
Mes joies et mes peines
Qui partage mes rires et mes pleurs.

Je crois en toi
Ma vie
Mon soleil
Ma raison ma déraison
Mon abysse de tendresse.

Je crois en toi
Mon port d'attache
Ma vallée de quiétude
Qui bouleverse mes habitudes
Qui chamboule mes certitudes.

Je crois en toi
Ô toi que j'aime
Oui je crois en toi
Ma douce Chimène.

Je crois en toi…

Amour

Tes yeux qui scintillent de mille feux
Et me sourient me sourient
Tes seins dressés comme une cathédrale
Et qui dansent qui dansent
Au rythme de ton souffle court
Sous les reflets tamisés d'une lampe fanal…
Ton cœur qui bat la sérénade
La sérénade du bonheur…
Et ce râle qui monte du fond de ton plaisir

… que je t'aime
Dans ces instants après l'amour
Ou l'amour continue
Chatte assouvie et langoureuse
Ronronnant à mes côtés
Et me prodiguant
De tendres caresses
Heureuse…

Fusion

Des yeux pleins d'un amour infini et d'un profond désir
Qui se cherchent
Phares de vie dans une nuit de velours gris…

Des lèvres qui se frôlent et s'unissent
Baisers de passion
Baisers à perdre la raison…

Des mots des soupirs qui s'échappent spasmodiques soporifiques
Pour se diluer dans l'atmosphère éthérée d'une pièce tamisée…

Deux corps qui se serrent se pressent
Pour se fondre se confondre
Fusion de deux êtres unis par une même Foi…

Des mains qui se promènent des monts en vallons de creux en sillons
Caresses emplies de douceur animées par la tendresse…

Une bouche avide qui se nourrit insatiable
Du bout des lèvres du bout des dents d'un bout de chair dressé
Comme un appel
Et qui palpite et qui frémit

Et ces lèvres qui s'ouvrent fruit trop mûr trop juteux
Fruit accueillant dans lequel vient se blottir un volcan de désir

Tendresse caresses
Soupir désir
Union Fusion

Et le bonheur explosa…

Feu de bois

Feu de bois
Feu de joie
Danse frénétique
Au son des bûches qui crépitent
Feu de bois
Feu de joie
Danse diabolique
Au pouvoir hypnotique
Mes yeux s'y perdent mes yeux s'y noient
Brouillant ma vue et troublant mon regard.

Feu de bois
Feu de joie
Ta chaleur au parfum sylvestre
Plonge mon corps dans une torpeur funeste
Feu de bois
Feu de joie
Danse de vie
Au pouvoir de mort
Consume cette détresse qui me taraude et me torture
Et lèche cette douleur qui m'obsède et me poursuit
De tes langues de feu
Si folles et si belles.

Feu de bois
Feu de joie
Danse frénétique
Au son des bûches quoi crépitent
Feu de bois
Feu de joie
Danse diabolique
Au pouvoir hypnotique
C'est toi que je fixe et c'est elle que je vois

Elle avec ses yeux tristes et son regard lointain si lointain
C'est toi que je fixe et mes remords ne me quittent pas
C'est toi que je fixe et c'est elle que je vois
Mais cette larme qui m'échappe n'éteindra pas ta joie
Feu de bois
Feu de joie
C'est la mort dans l'âme que je contemple
Tes cendres qui fument
Et ma lassitude infinie.

Mélodie pour la complainte d'une vie

Mélodie
Vulnérable
Petite boule de chair et de sang
Chaude et tendre
Au regard profond et avide
Au chant impénétrable
Mais pourtant si plein de sens
Mélodie
Egayant la litanie
D'une vie atone à force d'être monotone
Mélodie
Au sommeil calme et heureux
De ceux qui ne savent pas encore
Les tracas les soucis
Et les luttes mesquines intestines
Pour un petit bout de bonheur et d'estime
Ma douce Mélodie
Mélodie du bonheur
Appuyée contre mon sein
Tu écoutes battre mon cœur
Mélodie de la vie
La tienne la mienne
Celle des autres
Mélodie ma vie mon cri.

Fleur de pavot

Par-delà les monts
Au-delà des cimes
En un pays où terre et ciel
Se confondent dans l'horizon
Pousse une fleur
Fleur si belle
Belle à en mourir !

Fleur de pavot
Came… camelote !!!

Pour
Camés… caméléons.

Fleur mortelle
Qui foisonne près des neiges éternelles
Poison qui fait courir les hommes
De Paris à Katmandou
Du Nord au Sud
Poison de la Raison…

Fleur de pavot
Came… camelote !!!
Pour
Camés… caméléons.

Infortune de certains
Qui fait la fortune d'autres
Pavés de l'illusion
Pour des barres en or
Billets pour voyages
Dans l'Irréel l'Illusoire…
Ou pour des palais de « Mille et une Nuits »

Fleur de pavot
Came… Camelote !!!
Pour
Camés… caméléons.

Fleur traîtresse
Belle hypocrite
Pour raison en détresse
Qui caresse tant d'espoir utopique
Pauvre utopie qui mène à la folie…
Ou à une Nouvelle Vie
Si nouvelle… mais laquelle ?

Fleur de pavot
Came… camelote !!!
Pour
Camés… caméléons.

Identité

Une cour
Colorée
De musique de chants de danses
Colorée de mille couleurs vivifiantes
Une cour
Si pleine de joie et de bonheur
Qu'elle respire la vie à pleins poumons.

Cour d'antan
Qui vit tant de fastes décadents
Cour des Rohan

Qui ne vit plus qu'au rythme des flonflons du temps présent !

Une cour
Tache de lumière
Noyée dans l'immensité d'une fraîche nuit d'été
Comme moi je le suis
Anonyme
Au milieu d'une foule béate en délire !!!

Mais qui suis-je ?
Et qui est-elle
Cette foule bigarrée si subjuguée
Par ce spectacle du terroir qui m'emplit de désespoir.

Qui suis-je
Au milieu de ces gens qui ignorent ma détresse
Au milieu de ces gens qui m'oppressent
Qui m'oppressent d'une oppression débordante galopante
Et qui m'étouffe et me tue
Mais qui délire ?
Cette foule en liesse
Ou moi qui stresse !

Ô la vie quelle belle salope tu fais
Pleine d'inconstance et d'imprévus
On sait quand tu commences mais jamais quand tu finis
Ô la vie quelle belle salope tu fais
On dirait une pute qui vous laisse sur votre faim
Avec un arrière-goût d'inachevé…

Cour d'antan
Vestige du temps
Cour d'antan
Ne veux-tu pas de mes tourments ?

Cour des illusions
Où est la raison ?
Quel est le fou quel est le sage ?
Et où donc est le message
Dans cette chape sombre qui nous enveloppe de son infini
Un soir d'été cour des Rohan.
Cour désillusion…
Cette solitude qui m'envahit et grossit
Flot de désespoir
Au creux d'un soir
Qui me prend à la gorge
Et m'oppresse et m'étouffe
Mais où est l'illusion en cette nuit d'allégresse
Leur liesse ou ma détresse…

Cour des illusions ?
Illusion moi-même ?
Je ne suis qu'un saltimbanque du désespoir
A la recherche de l'Illusionniste de l'Ephémère
Du Créateur d'éphéméride.

Cour des Rohan
Le rideau est tombé
Et je te quitte comme un amant infidèle
Pour m'illusionner ailleurs
De notes et de flonflons
Saltimbanque du désespoir à la recherche de l'Eternel
Mais duquel ?

Amour désespoir

Amour désespoir
Au creux d'un soir…

Moite d'un désespoir infini infiniment déchirant infiniment angoissant
Au creux de tes seins
Au sein de ton corps infini infiniment rassurant infiniment exaltant
Je plonge
A corps perdu à cœur tendu
Tendu à craquer tendu à crever
A la recherche d'un Moi qui s'étiole et que je ne reconnais plus.

Sans espoir sans passé sans avenir
Je m'abandonne à toi nu et faible
Faible et vide
Si vide de Moi
Qu'en toi je me suis plongé
Toi ma lueur d'espoir et ma fureur de vivre
Libérant d'un seul jet ma Sève de Vie
Si pleine d'espoir retrouvé
En toi ma Vie…
Toi
Mon amour espoir…

Et la quiétude m'emplit au creux d'un soir d'une douceur infinie
Au creux de tes seins au sein de ton corps infini
Et sous le firmament de la nuit
Plein d'amour je m'assoupis

Amour Espoir
Au creux d'un soir…

Orgueil

Comment accepter
De n'être rien ou si peu de chose
Quand on est si plein de vie ?
Comment accepter
De vivre au jour le jour
Quand on est si plein de rêves en folie ?
Comment accepter
De vivre l'Ephémère
Quand on n'en connaît même pas le Sens ?
Comment accepter
La souffrance du cœur la souffrance du corps
Quand on ne sait pas l'Espérance ?
Comment accepter
De n'être plus qu'un corps sans vie
Quand on ignore la vie ?
Comment accepter
Tout cela et bien d'autres choses encore
Quand on est comme moi bouffi d'orgueil !

La clé et la serrure

Je suis la clé
Tu es la serrure.

Tu es la serrure
Qui renferme tous les mystères du cœur
Et tous les trésors de la Vie.
Je suis la clé
Qui ouvre les chemins du mystère
Et qui libère les trésors de la Vie.

Que serait la serrure
Sans sa clé
Que deviendrait une clé
Sans sa serrure ?

Je suis ta clé
Tu es ma serrure
Tu es ma serrure de mystère
Je suis ta clé de vie.

Mariage

Mariage
Union de deux êtres
Alliage
Fusion de deux corps
Je t'aime tu m'aimes
Nous nous aimons.
Mais alors où est le problème ?

Mariage
Union de deux êtres
Alliage
Fusion de tous les corps
Nous nous aimons vous vous aimez
Ils s'aiment
Voilà plus de problèmes !

Mariages
Alliages
Unions
Fusions
Toi et moi
Eux et nous
Autour d'un même feu
D'un feu de joie
De la joie d'Aimer
Utopique ? Qui sait ?...

Libérez

Libérez
La fleur qui se meurt
Dans son vase granité
Et l'homme qui se leurre
Sur le beau mot Egalité.

Libérez le prisonnier qui se fane
Dans son nid de barreaux
Et le dissident qui cherche une manne
Loin de ses bourreaux.

Libérez
Le profane de ces « hommes-lises »
Sans parti et sans honneur
Et la terre qui agonise
Sous le joug de ses détrousseurs.

Libérez libérez-nous
Avant que le mot « Liberté » n'ait plus de goût pour nous…

Vivre

Vivre
Juste vivre
D'un rayon de soleil
D'un souffle de vent
De la brise qui vient du large
Et des larmes que doucement le ciel verse.

Vivre
Juste vivre
Des couleurs du temps
Des saisons qui passent
De la Manne céleste
Et de la nourriture terrestre.

Vivre
Juste vivre
Mais avec toi
Mon rayon de soleil
Mon souffle de vie
Ma brise câline
Et mes larmes de bonheur.

Vivre
Juste vivre
Mais avec toi
L'arc-en-ciel de mon temps de vie
Qui fait les saisons de mon cœur
Toi ma Manne terrestre
Et ma nourriture céleste.

Vivre
Juste vivre
Rien que vivre
Mais avec toi
Ma vie.

La Terre se meurt

La Terre se meurt
La Terre dépérit
Et conscient de son malheur
L'Homme tue et rit.

Homme de peu de foi
Qu'as-tu fait du respect de toi
De l'autre
Du riche pour le pauvre
Du pauvre pour le riche
Du nanti pour celui qui défriche
Du Jaune du Blanc du Noir
Ou de ceux qui n'ont pour vivre que l'espoir.

Mais pendant ce temps…
La Terre se meurt
La Terre dépérit
Et conscient de son malheur
L'Homme tue et rit.

Chacun pour soi
Et Dieu pour tous
Voilà ta Foi
Au nom de laquelle tu détrousses
Sans trop de remords
Au nom de la Loi
Celle du plus fort
Le riche qui frime
Et le pauvre qui trime
Le Jaune le Blanc le Noir
Et ceux qui n'ont pour vivre que l'espoir.

Mais pendant ce temps…
La Terre se meurt
La Terre dépérit
Et conscient de son malheur
L'Homme tue et rit.

Homme Animal de Raison
Sauves ce que tu as de plus cher
Ta Terre et tes frères
Avant qu'il ne soit trop tard
Avant que ne surgisse l'Ultime Saison
Celle de l'Eternelle Moisson.

La Terre se meurt
La Terre dépérit
Et conscient de son malheur
L'Homme tue et rit.

L'arriviste

Il préfère s'étaler plutôt que se dresser
        Lécher plutôt que cracher
        Câliner plutôt que mordre
Car il aimerait tant changer sa position « d'étoile filante »
En celle « d'Astre de Lumière »
Voilà pourquoi
Ce beau sire
Qui bouche nos horizons
Est à la fois
La « moquette du patron »
Le « paillasson du plus fort »
Et le « charognard du pouvoir »
Mais ce brave homme
Emplit de rouerie
Et regorgeant de Vilenies
Qui plie si facilement l'échine
N'attend qu'un moment

Celui de voir trébucher son prochain
Afin de pouvoir installer son arrière-train
Illico presto sur un trône encore tout chaud.

Bel arriviste
Que tu sois riche ou pauvre beau ou con
Tu ne vis que pour une seule ambition
Celle d'accéder aux plus hauts échelons
D'une société où poussent à foison
De beaux arrivistes.

Le pessimiste

Blanc ou noir, noir ou blanc,
Pour lui c'est blanc bonnet et bonnet blanc
Car s'il pleut, ô Dieu, quelle misère !
Et s'il fait beau de toute façon la pluie ne tardera guère.
Même le gris le laisse pantelant
Car nuancer n'est pas de son allant.
Que son vêtement soit bien coupé
Et c'est la couleur qui est mal trouvé ;
Mais que la couleur lui sied à ravir
Voilà que ce n'est pas le vêtement qu'il désire.
Noir ou blanc, blanc ou noir,
Quelle importance puisqu'il n'a pas d'espoir.
Un simple petit bobo
Et ce ne peut être que le cancer
Car c'est lui qui souffre de tous les maux
Et c'est lui qui subit tous les travers.
Qu'on essaie de le faire rire ou du moins sourire
C'est à peine une grimace qu'on en tire.
Eh oui ! les soucis, les ambages
Et les revers en ménage
Sont pour lui… notre défaitiste
Notre pauvre pessimiste !

L'idéaliste

Qui donc plane
Si majestueusement sur l'horizon
Ses idées sous une aile, ses désirs sous l'autre ?
C'est l'idéaliste
Qui survole un monde trop corrompu pour lui,
Un monde qui n'a que faire de ses idéaux.
L'Idéaliste
Qui a chaque atterrissage se casse le nez
Sur de féeriques terrains truffés de traîtres embûches.
Voilà pourquoi il préfère rester seul
Et incompris
A planer
Au-dessus d'un monde bien trop réaliste
Pour lui
Bel idéaliste
Crois-tu qu'il soit possible de planer éternellement,
Seul et sans horizon,
Dans un air parfumé de belles idées
Mais si loin, si loin des réalités
Et de tes « frères loups »
Bel Idéaliste
Pauvre ermite fragile
Quitte ta retraite inhibitrice
Pour la jungle de la vie
Si dure, si vraie
Mais si belle malgré tout.

Pingre

Personne qui n'a presque rien
Que ses seuls Biens.
Mais qu'elle y tient
Ah ! comme elle y tient
A ses pauvres Biens
De presque rien…
Triste ramassis
De rutilantes richesses matérielles,
Qu'elle n'emportera pas au ciel,
Mais comme elles sont toute sa vie,
Et qu'elle leur a consacré tous ses loisirs
-Au point de ne pas en dormir-
Nuit et jour, inlassablement elle se dit :
« Je possède donc je suis, je possède donc je suis… »
Et à qui veut bien l'entendre fièrement elle claironne
Qu'elle est la plus heureuse des personnes.
Pauvre pingre,
Qu'il est donc triste
De n'avoir pour seul violon d'Ingres
Que l'entassement de Valeurs
Qui n'ont pas la moindre parcelle de cœur
Mais faut-il t'en plaindre ?
Triste pingre !

Espace nocturne

Dans ce grand lit
Si vide de toi
Je ne suis qu'un naufragé solitaire
Qui vogue sur un océan de cafard
A vous donner des cauchemars.
Un naufragé d'Amour
Qui erre sans but d'un bord à l'autre
D'un lit sans fin couleur d'azur
Y cherchant désespérément
Sa douce Terre.
Un Don Quichotte halluciné
Qui erre sur une aire d'un calme si morne
Qu'il s'empresse d'aller se réfugier
Dans ses chers moulins à vent…

Dans ce grand lit
Si loin de toi
Je ne suis qu'un îlot d'infortune.
Un volcan qui fulmine
Qui gronde et qui fume.
Une rive qui se demande
Ce que fait seule dans son coin
Sa rive voisine
Qui lui semble si proche et si lointaine
Un homme qui maladroitement
Essaie de jeter un pont sur un fossé
Avant qu'il ne se creuse
Irrémédiablement.

Dans ce grand lit
Si près de toi
Tu es la Vie de ma Vie
La Sève de ma Sève
Et l'Espoir retrouvé
Dans cet univers sombre
Où se noient nos ombres…

Dans ce grand lit
Toi et moi
Nous sommes deux seiches folles
Qui ont perdu la parole
Et qui s'expriment fougueusement
De leurs tentacules vivaces et affamés.

Square

Dans la fraîcheur d'un soir
Se morfondait l'espoir.
Sous la lune moirée,
Le cœur désespéré,
Elle errait au hasard
Des allées d'un square ;
Dans la robe du soir
Qu'il aimait tant lui voir
Porter, dans ces grands soirs
Où l'on s'aime sans fard.

Et inlassablement,
Pétrie par son tourment,
Elle errait au hasard
Des allées du square,
Promenant son regard
Dans cette pénombre
D'un soir peuplé d'ombres
Sans nombre qui dansaient
Devant ses yeux défaits.

Alors folle d'Amour,
A la pointe du jour
Elle quitta le square.
Emplie de désespoir,
Et si vide de vie
Elle se jeta d'un pont en épelant son nom.
Dans la fraîcheur d'un soir
S'est éclipsé l'espoir…

Infini

Ô Dieu
Ma pauvre personne
Douloureusement cherche
Votre infinie bonté
Mais mon orgueil infini
Dissimule à mon cœur
Le chemin qui mène à votre infinie Grandeur.

Ô Dieu
Je vous aime à l'infini infiniment
Mais sans savoir
Ni trop pourquoi ni trop comment
Alors dans ces instants où mes doutent me taraudent
Mon corps s'emplit d'une tristesse infinie
Et humblement je vous supplie
De prier pour moi triste pécheur.

Se lever

Se lever au petit matin alors que le soleil baille encore
Petit matin gris et frileux
Où les vitres sont opaques à force d'avoir trop pleuré
Se lever au chant des sirènes qui vindicatives ameutent
Leurs essaims bourdonnants et blasés.
Se lever par un petit matin désolé
Le cerveau embrumé
Pour aller gratter les « carreaux vitreux » de son fier coursier
Qui tousse à vous fendre l'âme
Avant d'émettre un cachectique hennissement
Et puis s'élancer vers des chemins goudronnés
Vers le néant…
Se lever
Se lever pour qui
Se lever pour quoi
Lorsqu'on est bien chez soi
Sous des duvets réconfortants
Et heureux comme des jeunes amants !

Elévation

Mon corps se meurt à petit feu,
Mais le bonheur, au fond des yeux,
Je m'en irai le cœur joyeux,
Sachant que, désormais, nous deux,
A jamais nous seront Amants
Sous le velours du firmament
Et âmes parmi les âmes
Nous vivrons l'éternité,
D'une vie pleine de flammes,
A vénérer la Vérité.

Arc-en-ciel

ROUGE

A la vue de ton corps
Libéré de ses attraits artificiels
J'ai eu faim

ORANGE

C'est ainsi qu'avec une délectation sans pareil
Des yeux je t'ai enveloppée
Comme au premier jour
Où mon regard s'est posé sur toi

JAUNE

Et dans cet élan irrésistible
Seul connu des amants de longtemps
Nos bouches se sont accordées
Et le jeu frénétique et passionné
De nos lèvres voraces et câlines
Tel un feu de brousse
M'a embrasé

VERT

Et comme ces mets précieux aux saveurs infinies
Délicatement
Avec une vénération que fait naître l'Amour
J'ai effleuré
Le velouté de tes seins
Tendus vers moi comme une invite
Le creux de tes reins
Le moelleux de ta chair
Et ton jardin d'Eden
Où se blottit timidement ton fruit d'Amour
Source de toute Vie

BLEU

Alors pleine d'un feu de joie
Et d'un bonheur sans nom
Tu mis tes jambes en éventail
Me livrant comme un appel comme une offrande
Tes lèvres frémissantes
Que j'embrassais et caressais
D'une langue taquine
Jusqu'à sentir monter en nous
Ce flot de sève bouillonnante
Qui gonflait nos cœurs à l'extrême

INDIGO

Moment
Où dans un mouvement suprême
Nos corps s'unissent
Nos vies se mélangent
Moment privilégié
Qu'il fait si bon renouveler
Qu'il fait si bon retrouver
Moment privilégié
Où deux êtres ne font qu'un
Loin des tracas, loin des fracas
Moment privilégié
Où les mots paraissent fades
Comparés à la saveur de nos cœurs

VIOLET

Extasiés, rassasiés
Nous reposons
Calmes et sereins
Dans le silence recueilli
De peur d'annihiler l'étrange magie
Des couleurs de l'arc-en-ciel.

Coup d'essai

Je suis un « coup d'essai »
Qui précède
Trois « coups de maître »
Mais sans le savoir
Mes créateurs Adorés
Par Amour
Ont fait naître
Un être surréaliste
A l'esprit tortueux et au cœur volumineux
Qui s'intègre à merveille
Dans cette ère psychédélique de transition
Où tout ce qui sort des sentiers battus
Dérange et passionne
Des hommes perclus d'anathèmes
A la recherche d'eux-mêmes
Je suis un « coup d'essais »
Qui encombre
Dans l'ombre d'un regret
Bien des « coups de maître »
Qui en sont encore
A leur coup d'essai.

Supplique à Cathy

Cathy frêle volcan bouillonnant dans ses entrailles
Toi si douce et si fragile
Si simple et si complexe
Si belle et si désirable
Pose tes yeux
Sur mon corps ardent
Il n'est ni vil ni repoussant
Mais déroutant, déconcertant…

Est-ce le paradoxe d'un corps mort
Plein de vie
Qui te terrifie
Mais je ne suis rien sans lui et il est peu de chose sans moi
La vie est un tout, si folle si cruelle
Alors qu'importe l'enveloppe
Pourvu qu'on ait ce souffle
Qui nous transporte qui nous transcende
Qu'on soit Noir ou Blanc
Beau ou Laid
Handicapé du corps ou du cœur…
Ou un Etre Vivant tout simplement
Cathy pose tes yeux
Sur mon corps ardent
Sans lui je ne suis rien
Sans toi sans les autres encore bien moins.

Supplique à Gab

Tu m'as aimé
Tu m'aimes encore
Aime-moi toujours
Toujours plus fort…
Tu es ma force
Tu es ma Foi
Ma raison d'être
Mon espérance.

Par toi je suis
Et ne cesse d'être
Depuis le jour où ton cœur suffocant d'amour
Tu t'es éprise de moi

Moi qui n'y croyais pas
Qui n'y croyais plus !
Alors tu m'as appris
A conjuguer le verbe
ETRE
A tous les temps à toute heure
Tu m'appris le bonheur
D'un regard d'un silence
D'un mot d'une caresse
Laissant mon âme éperdue.

Maintenant que je suis
Toi qui m'as aimé
Qui m'aimes encore
Ô aime-moi toujours
Toujours plus fort.

Petite fille

A Anne et Marie

Petite fille deviendra grande
Et oubliera bien vite ses maux
Ses vilains maux de dents
Cause d'infinis chagrins
Et de pleurs sans fin
Petite fille deviendra grande
Pour souffrir d'autres maux
Des maux engendrés par les mots
Des mots de travers, des mots de trop
Des mots acides, des mots acerbes
… DES MOTS D'AMOUR.

Dormir…. Eternellement

Ne plus rien voir ne plus rien entendre
Partir partir
Pour oublier
Pour s'oublier
Ne plus penser
A soi aux autres
Surtout ne plus penser
NE PLUS PENSER…
Dormir
Dormir éternellement
Fuir tout simplement.

Aberration

Tu n'aimes pas ton corps
Parce qu'il a trop de ceci ou pas assez de cela
Par moments même
Tu le refuses
Tu le rejettes
En songeant bien mélancoliquement
A une quelconque pin-up fade stéréotype.

Et pourtant qu'il est beau
Si beau d'avoir enfanté
Bien sûr il s'est déformé mais par
AMOUR
Pour deux vies.

N'est-il donc de métamorphose
Plus souhaitable et plus enviable
Que celle causée
Par un ENFANT ?

Qu'il est beau ton corps
Oui si beau
Et toi si belle
Dans toute ta plénitude
De FEMME.

Amour

Amour Amour
Mon fleuve de tendresse
Tu irrigues les berges de mon corps
Du flot de tes caresses
Qui me submergent et m'entraînent
Vers l'accueillante profondeur
De tes yeux
Irisés de bonheur
Tu draines ma vie
Au gré de tes flux et reflux
Patiemment inlassablement
Vers un océan d'allégresse
Et de SAGESSE.

Amour Amour
Mon fleuve de tendresse
Je bois à ta source
Et me saoule de toi
Et je me grise de joie
Dans le doux berceau de tes bras
Maternels.

Amour Amour
Mon fleuve de tendresse
Mes pensées
Toutes mes pensées
Au son d'une mélancolique mélopée sud-américaine
Se tournent vers toi
Vers toi mon FLEUVE D'AMOUR.

Désespoir

Quelle est cette douleur
Qui m'envahit
Me taraude me torture me déchire me tue me tue me tue ?
Quelle est cette douleur
Qui m'envahit
Et me ronge à petit feu ?
C'est le désespoir
Le désespoir de te voir malheureuse
Si malheureuse
Que j'en oublie
Tout ce qui est la vie
Que j'en oublie
L'espoir qui me pousse à t'aimer
A t'aimer jusqu'au désespoir.

Une histoire d'amour

Je t'ai rencontrée
Perdue
Dans les brumes de ton inconscient
Consciente de ton malheur
Et malheureuse de l'être

Et sur la même route

Tu m'as rencontré
Perdu
Dans les errements de mon cœur
Ecrasé par le poids de mon corps
Et fatigué de l'être…

Et

Comme deux enfants chagrins
Nous nous sommes tendus la main
Sachant qu'à deux
On irait plus loin, bien plus loin
Sur nos propres chemins…

Et

A la croisée d'un hasard
Au hasard d'un détour

Un détour de nous-mêmes
Nous nous sommes retrouvés…
Nous nous sommes reconnus

Et

Nos cœurs se sont unis
Nos corps animés
Et nos lèvres se sont jointes dans une même prière :
« Aimons-nous en ce jour
Comme au commencement et pour toujours… »

Et

Comme deux enfants joyeux
Nous avons repris le chemin
La tête pleine de nous
Et le cœur plein d'entrain
Comme deux enfants joyeux.

Te dire ce qu'est l'Amour

Je vais te dire ce qu'est l'Amour

Ce sont des mots mais sans discours
Des mots si simples si beaux si doux
Qu'on se les dit du bout des lèvres du bout du cœur
Des mots qui coulent en nous
Fleuves ardents
Qui nous envahissent et nous emportent
Et nous emportent…

C'est ton regard qui m'enveloppe
D'une tendresse dévorante
Ton regard qui m'envoûte et m'attire
Vers l'univers profond de tes yeux … Bonheur
C'est nos regards qui se rencontrent se cajolent se taquinent se caressent

Se fuient et se retrouvent … Heureux
Nos regards qui parlent pour nous
Lorsque les mots deviennent trop fades
Nos regards, nos regards…

Ce sont tes yeux deux soleils qui réchauffent mon cœur
Qui brûlent mes doutes
Tes yeux qui enflamment les miens
Tes yeux Vie qui donne la Vie
      Espoir qui donne l'Espoir
Ce sont nos yeux lueurs intenses
Dans le firmament de nos cœurs
Nos yeux qui se fouillent qui nous fouillent
Intensément passionnément
Subjugués par la beauté impalpable de l'amour…

Ce sont nos corps qui s'appellent
Nos corps qui frémissent
Et qui s'envolent
Sous la danse poétique de nos doigts
Qui entraînent nos corps dans une symphonie fantastique

Je vais te dire ce qu'est l'Amour

C'est une plante fragile et précieuse
Qu'il faut préserver
Des intempéries de la vie
Et qu'il faut nourrir, nourrir
Toujours nourrir

C'est une plante grimpante
Qui nous envahit nous unis et nous réunit
Dans un même élan…
…DE TENDRESSE ET D'AMOUR !!

La vie

La vie est une belle petite saloperie
Un cadeau empoisonné
Offert Dieu seul le sait
Par qui pourquoi…
Un cadeau qu'il faut essayer de rendre comestible et digeste
Un cadeau aux mille saveurs
Qui embaume nos heures
Ou qui nous soulève le cœur
La Vie
Une drogue mortelle
Qu'on voudrait immortelle
Et qui nous mène aussi bien
Vers une montée au septième ciel
Que dans une descente aux enfers
La Vie
Un soleil éclatant
Un orage violent
Un brouillard étouffant
La Vie
Un jour sans fin
Une nuit sans lendemain
La Vie
Un souffle, un battement
Une manducation, une digestion, une défécation
La Vie
Une Erection
Une Ejaculation
Une Fécondation
Une Gestation
Un Cri…
La Vie

Un éternel commencement
Le commencement de l'Eternité
La Vie
Que serait la mienne sans la tienne
La mienne sans la vôtre
Que serait la nôtre sans celle des autres
La Vie
Intolérable agonie d'une vie qui sourd
Du coucher de soleil sur l'horizon de nos jours
La Vie
Une bien belle saloperie !

Rien qu'un homme

A Gab

Je sais
Je suis fanfaron et grognon
Et puis disert et disert
Mais trop souvent à tort et à travers
Et puis aussi trop exigeant
Pour quelqu'un de dépendant
Je suis chiant quoi !
Littéralement chiant à certains moments
Mais tous les reproches venant de toi
Toi qui m'es si proche
Me font mal
Car j'aimerai tant pouvoir être
Celui que tu voudrais que je sois
Mais voilà je ne suis rien
Rien qu'un homme
Bourré d'amour et de contradictions
De faiblesses et de dérisions
Je ne suis qu'un homme
Et je n'ai pour seule excuse
De n'être que ce que je suis
Une goutte de pluie dans l'océan
D'une vie de fardeau
Qui s'effiloche au gré du temps
Je ne suis qu'un homme qui t'aime tant
Une larme comme un enfant
Entre tes bras berçants
Je ne suis qu'un homme
rien qu'un homme
qu'un homme
homme
ome
me
e
UN HOMME

Nostalgie

Images
D'un passé présent
D'un présent passé
Images
Qui dansent dans ma mémoire
Et se suivent et se confondent
Et puis s'estompent pour revenir
Plus fortes encore
Images
Qui imprègnent ce lieu
A tel point
Que mon regard
Où qu'il se porte ne voit
Qu'elle
Elle
Assise sur le pas de la porte
Donnant sur le quai
Et faisant naître d'un simple bout de bois
De ses « doigts miracles »
Un oiseau blanc
Etrange et fabuleux
D'un coup de lime d'un coup de cœur
Elle
Assise sur le bras de mon fauteuil
Ses yeux dans les miens
Mes mains dans les siennes
Effarouchée d'avoir osé
Osé croire
Osé aimer
Un autre bonheur
Elle
Assise contre moi
Dans la pénombre d'un soir ivresse
Illuminée de ses yeux
Comme deux étoiles au firmament
D'un bonheur naissant
Elle
Blottie contre moi
Dans la fraîcheur d'un matin hardiesse
M'enveloppant de la chaleur
Douce et pénétrante
De son corps félin de son corps satin
Gorgé d'amour
Et d'un bonheur serein
Elle
Elle toujours elle rien qu'elle
Mais que ce lieu manque de vie
Lorsqu'elle est loin d'ici
Il n'est rempli
Que d'images
D'un passé présent
D'un présent passé
Images

Qui dansent dans ma mémoire
Et se suivent et se confondent
Et puis s'estompent pour revenir
Plus fortes encore...
Nostalgie.

Que cherches-tu l'homme ?

Que cherches-tu l'homme
Par les temps qui courent
Dans ce mode chaotique et fiévreux
Où rien ne va plus
Où tout le monde est mécontent
De tout
Mécontent d'un rien
Que cherches-tu l'homme
Par les temps qui courent
Dans ce monde où règnent le nucléaire et l'arbitraire
Et où chacun ne pense qu'à faire des affaires
Sur le dos de son voisin
De son prochain
Que cherches-tu l'homme
Par les temps qui courent
Par ces temps gris
Où les gens sont aigris
De ne plus savoir
Qui ils sont où ils vont
Ames perdues
Ames sans vie
Que cherches-tu l'homme
Par les temps qui courent
Je me cherche MOI
Mais ne me trouve pas
Dans ce dédale tortueux
Qui est moi
Et que je ne connais pas
Que je ne connais plus
Que cherches-tu l'homme
Par les temps qui courent
Je la cherche ELLE
Alors qu'elle est contre moi
Qu'elle est dans mes bras
Mais je ne la vois pas
Je ne la vois plus
Que cherches-tu l'homme
Par les temps qui courent
Je cherche une issue
A tous ces beaux discours
Qui ne servent qu'à dissimuler
Nos pauvres atours
Que cherches-tu l'homme
Par les temps qui courent
Je cherche l'Amour.

Bonne année ?

Réjouissons-nous mes frères ! Nous aussi nous avons droit à notre année…
Mais y a-t-il vraiment de quoi se réjouir ?
Pouvons-nous nous permettre de faux espoirs au sujet de notre année ? Lorsqu'on fait le constat du bilan de L'Année de la Femme et de l'Enfant : de belles paroles, de beaux discours et même une superbe charte. Et que reste-t-il de tout cela ?
Nous aussi nous y aurons droit aux beaux discours, aux belles paroles, aux décrets et compagnie.
Mais voilà, tout le monde sait bien que les belles paroles et les beaux discours ce n'est que du vent et que les décrets et compagnie sont faits pour être rangés bien soigneusement ou oubliés au fond d'un tiroir.
Non vraiment je ne me réjouis pas beaucoup pour notre année.
Cette année ne compte pas plus pour moi que les précédentes ou les suivantes, car acquérir nos droits est un travail de longue haleine.

Soyons clairs : qui veut être reconnu, avoir les mêmes droits que les « autres » et être insérés parmi les autres. Eux ou Nous ?
Alors pourquoi attendre qu'ils nous offrent tout sur un plateau ? Ne serait-ce pas à nous de nous faire connaître et admettre par les gens de la rue, par ces gens que nous côtoyons tous les jours et qui n'osent pas nous aborder à cause de notre handicap ; de notre apparence physique ?

L'inconnu fait peur et pour la plupart des personnes nous sommes l'inconnu.
Ne pourrions-nous pas démythifier notre handicap en allant vers eux simplement ?

Actuellement je participe avec l'Association des Paralysés de France départementale à une expérience qui consiste à aller dans des écoles pour témoigner de ce qu'est le monde des handicapés, ce qu'est une personne handicapée.
Ce témoignage est surtout un approfondissement de l'être humain qu'est « le handicapé » au-delà de son handicap. Cette expérience enrichissante pour les deux parties en présence est très prometteuse.
Voilà, par exemple, le genre d'action qui, à mon avis, nous permettra d'accéder à une réelle insertion dans la Société.
Les gens n'étant plus affolés ou bloqués par notre état physique et les astreintes que généralement il entraîne, aurons avec nous des relations normales, amicales et même amoureuses.

Bien sûr pour y arriver il faut que nous mettions beaucoup du nôtre et surtout il est essentiel que nous sachions accepter notre handicap avant de demander aux autres de le vivre avec nous.
Il est essentiel pour aller vers les autres que nous puissions en parler sans honte et sans peur. Il faut donc avant tout que nous nous éduquions nous-même et donc que nous nous assumions pleinement, que nous soyons des gens responsables.

(Ce texte *s'associe* au poème intitulé « Supplique à Cathy »)

Post-scriptum

Du fait de mon handicap je ne peux rien faire ou si peu sans l'aide ni la compréhension des autres que c'en est parfois angoissant !

C'est ce que l'on appelle la dépendance …

Mais comment vivre avec les autres lorsque physiquement on n'est pas dans la norme ? Que cela soit dû à des malformations ou plus simplement à une différence de la pigmentation de la peau.

C'est ce que l'on appelle le racisme.

Toute dépendance, tout racisme s'adressant toujours à une minorité qu'elle soit sociale ou raciale et se solde la plupart du temps par des brimades ou des mises à l'écart.

Mais si dans cette minorité il venait à l'un ou l'autre l'idée de vouloir sortir de son apathie pour s'échapper du ghetto moral et de la prison sans barreaux si complaisamment élaborée par la société, celle-ci s'empressera de le mettre au ban.

C'est ce qu'on appelle la marginalité.

Et c'est parce que je refuse une certaine forme de dépendance, notamment celle de l'Etat et de son aumône, parce que je refuse une certaine forme de racisme qui consiste à être renvoyé de certains lieux publics pour la simple raison que l'on est handicapé ou qui consiste à s'entendre dire que l'on ferait mieux de rester entre les murs d'une institution spécialisée, car en dehors on risquerait de gêner les gens, que je suis devenu et que je resterai un marginal.

C'est parce que je voudrais qu'un jour les gens arrivent à considérer non plus le handicap, mais la personne elle-même que je me bats contre les règles le plus souvent établies par des intellectuels bien-portants et donc rarement au courant de nos problèmes réels.

Je ne suis pas un handicapé mais une personne atteinte d'un handicap. Et en tant que telle j'essaie d'utiliser au mieux les possibilités et les capacités qui restent à ma disposition.

Mais n'oublions pas que nous sommes tous handicapés en puissance et gardons à l'esprit qu'handicap ne signifie pas seulement atteinte physique mais aussi atteinte morale ou mentale.

Il n'y a rien qui ne me révolte plus que d'être considéré comme un poète handicapé, comme un intellectuel handicapé, comme un courageux handicapé.

Pourquoi faut-il toujours mettre le handicap en avant ?
Est-ce pour donner encore plus de valeur à ce qu'a fait « le handicapé » ou dans le but inavoué est-ce en pensant que vu son handicap c'est déjà pas mal ce qu'il vient de faire là ?

Quand est-ce que les gens comprendront qu'à partir du moment où l'on sait, où l'on a la volonté d'exploiter les moyens qui sont à notre disposition rien n'est impossible ?

Le jour où l'homme saura reconnaître et admettre ses faiblesses mais aussi évaluer ses forces, ce jour-là un grand pas sera fait vers l'Egalité. Ce jour-là l'homme saura faire fi des apparences trompeuses et laissera parler son Cœur.

Mathieu

MATERNITE en 4 tableaux   - 30 -

Tableau 1

                    FORME   SIMPLE

            Enfant tu es là
           Au coeur de ton océan de vie
         Vie parmi la vie
      Chargée
         D'espoir et de promesses
            Infinis
              Alors que tu es encore
               a
               u
               s
               e
               i
               n
                D
                 E
                  T
                   O
                    N
                   D
                  O
                 U
                X
               N
                I
                 D
                  M
                  A
                   T
                    E   enfant
                     R   tu
                      N   es
                       E   là
                        L   On
                             T'
                             A
                             T
                             T
                             E
                             N
                             D

Tableau 2

VOLUME

```
        E
        N
        F
        A
        N
        T
        Enfant tu es là
       Au coeur de ton océan de vie
      Vie parmi la vie
     Chargée
      D'espoir et de promesses
       Infinis
         Alors que tu es encore
           a
           u
           s
           e
           i
           n
         Dors dors
        Enfant
       Tu es là et
      On t'attend
     Nos coeurs emplis
    D'Amour
         O
         U
         X
         N
         I
         D
         M
         A
          Tendre
           Enfant
            Réfugié en ton
             Nirvana d'amour
              Et flottant paisiblement
              Léger comme le Bonheur
              enfant
              tu
              es
              là
              et
              on
              T'
              A
              T
              T
              E
              N
              D
         Petit
       Etre fragile
Pour te guider par les ruelles de la vie
```

Tableau 3   A Gab' Chérie   - 32 -

```
        E
        N
        F                    MATERNITE
        A
        N
        T
         Enfant tu es là
         Tranquille au coeur de ton océan de vie
          Une vie parmi la vie
         Et déjà porteur de
         Sérénités et d'espoirs
        Latents et infinis
        Alors que tu es encore
          Au sein de ton
           Univers
            s
            e
            i
            n
           Dors dors
           Enfant
          Tu es là et
         On t'attend
        Nos coeurs emplis
       D'Amour
       O
       U        a f
     X     n  n
     N     tendre
     I     enfant
       D     n  n
     M     f a
        A
         Tendre
          Enfant tu es
           Réfugié en ton
            Nirvana d'Amour
             Et t'y baigne paisiblement
             Léger comme le Bonheur
              oh oui
               enfant
                tu
                es
                là
                et
                on
                T'
                A
                T
                T
                E
                N
                D
            Petit
          Etre fragile
Pour te guider par les ruelles de la vie
```

Tableau 4   unions   à mon Maître APOLLINAIRE
           ur   fu
            o   s
            m   i
           aA   o
            I   C   n
            M   E   s
            E   O   e
            V   U   n
            E   T   f
               E   a
            RA N
            I   T   Vn
            TENDRE It
                N   E
                T
                Enfant tu es là
                Tranquille au coeur de ton océan de vie
                Une vie parmi la vie
               Et déjà porteur de
              Sérénités et d'espoirs
            Latents et infinis
               Alors que tu es encore
                Au sein de ton
                 Univers
                  s
                  e
                  i
                  n
                 Dors dors
                 Enfant
                Tu es là et
               On t'attend
              Nos coeurs emplis
            D'Amour
         O
         U   af
         X   n   n
         N   tendre
         I   enfant
         D   n   n
         M   fa
         A
               Tendre
               Enfant tu es
               Réfugié en ton
                Nirvana d'Amour
                  Et t'y baigne paisiblement
                  Léger comme le Bonheur
                   oh oui
                   enfant
                   tu
                   es
                   là
                   et
                   on
                   T'
                   A
                   T
                   T
                   E
                   N
                   D
                 Petit
               Etre fragile
    Pour te guider par les ruelles de la vie

« Skippy » ma chérie

« Skippy » ma Chérie,
Heureuse
Toi qui portes la Vie
En toi.

« Skippy » mon Amour,
Fière
Toi dont le corps devient lourd
Par Amour pour cette Vie
Qui se nourrit et s'épanouit en toi.

« Skippy » mon Cœur,
Comblée
Toi qui rayonnes le Bonheur
En toi
Et autour de toi.

« Skippy » mon Kangourou
Maternelle
J'aimerais te couvrir de baiser et de mots doux
Pour cette Vie
Fruit de nos épousailles
Qui livrera un jour sa première bataille
Celle de son émergence au grand jour.

« Skippy » ma Vie,
Pour cette Vie
Qui vit en toi et par toi
Cette Vie que nous avons tant désirée
Je te chéris, je te chéris,
A l'infini.

Etre père

Être père
Quel bonheur doux
Quel plaisir fou
Mais aussi
Quelle frustration :
Ne pas sentir
La vie germer et grandir en soi
Ne pas sentir
Son corps s'épanouir et prendre forme
Ne pas sentir
Cette vie gambader et s'ébattre en soi
Et puis
Ne pas vivre
Cet instant de grâce
Et de douloureux bonheur
Celui où
La vie devient enfant
A force d'amour
Et de volonté haletante
Celui où
Tendrement on le dépose sur soi
Encore tout gluant et maladroit
Et si fragile et décontenancé
Enfin ces instants si beaux et si maternels
Où l'enfant appelle pour s'agripper au sein
Et se nourrir à la Vie
Être père
Oui quel bonheur doux
Quel plaisir fou
Mais aussi
Quelle frustration
Car être la semence de la terre c'est si peu
C'est si anodin !
Mais être père
C'est un bonheur doux
C'est un plaisir fou
Malgré tout …

Lit à trois

J'ai une femme et un chien.
Entre les deux il n'y a aucun lien
Sinon qu'en notre lit
Je suis écrasé entre les deux
Ou tendrement serré si l'on veut ;
C'est qu'ils m'aiment à ce qu'on dit !
J'ai une femme et un chien
Et ce n'est pas rien.
Alors, que voulez-vous, tant pis
Je leur cède une partie de mon lit….
En attendant notre enfant
Qui m'en prendra le restant !

Echographie

Enfant,
J'ai eu des échos
De ta vie
Au tréfonds
De ton univers utérin.
Au sein de ton écrin,
Au travers d'un écran,
Je t'ai parlé l'espace d'un moment
Si court mais si puissant.
Complice,
Tu m'as salué de la main
Entre deux mouvements féeriques
De ton ballet aquatique.
Ce jour-là,
Tu me paraissais si proche
A travers cet écran
Sans sentiment ;
Et comme j'aurais voulu
Que tu viennes vers moi
A cet instant-là ;
Car tu sembles encore si LOIN…
                      LOIn…
                            LOin…
                                  Loin…
                                        Loin…

A Gab' et à Mathieu

Comme un fruit mur

Comme un fruit mûr
Tu es tombé…
De ton Arbre de Vie
Tu as quitté
La Vie de ta Vie
Tu as délaissé
La Chair de ta Chair
Sans pitié sans répit
D'elle tu t'es arraché
Sans répit sans pitié.

Tu n'as pas vu
Son masque de Bonheur
Se métamorphoser
En masque de Douleur.

Mais que t'importaient
Ses gémissements
Et son masque grimaçant
Tu es parti
Sur le chemin de ta Vie
Ne laissant derrière toi
Qu'un vide béant
Et des souvenirs sanguinolents…

Enfanté dans la douleur
Après neuf mois
De COMMUNION
ENFANT DU BONHEUR
Sais-tu combien est dure
La séparation ?
La vie était pour toi
Maintenant elle est à toi
ENFANT DU BONHEUR
Donne-lui ta chaleur.

Mercredi 25 août 1982

Je vous attends ...

A Gab' et à Mathieu

Enfant
Tu es là-bas
En ce lieu
Que l'on nomme maternité
Tu y es
Près de ta mère
Rayonnante de sérénité.
Et moi
Moi
Je suis là
Las
Au bord de mon lit-océan
Si vide de vous
Vous si loin de ... moi
Qui vogue
Entre deux vagues à l'âme
Et pourtant
Si serein
De savoir
Que bientôt
Vous voguerez avec moi
Dans notre lit-océan
A l'Amour géant
Alors j'attends
J'attends le jour ...

Mercredi 25 août 1982

Passion-déraison

mathieu Mathieu MATHIEU
Sens-tu ce Bonheur
Qui jaillit du fond de mes entrailles
Dès que mon regard se pose sur toi ?

mathieu Mathieu MATHIEU
Tu vis encore ailleurs
Mais qu'ils sont beaux tes réveils « feu de paille »
Quand un sourire de bienheureux vient baigner ton doux minois.

mathieu Mathieu MATHIEU
Plongé dans une douce torpeur
Dans un sommeil sans faille
Tu dors contre moi.

« Comprends-tu
Les mots tendres
Les mots d'amour
Que je te susurre
Pour ne pas troubler ton sommeil
Quand je suis pris d'une passion-déraison
Celle d'un père
Pour qui son enfant
Est une porte sur l'avenir
Une source de devenir
Mais je radote
Est-ce toi qui me fait perdre la raison ? »
Ma voix dérape
Mes yeux s'embuent
Pendant que tu dors
Indifférent à tout cela
Au creux de mon bras.

Dimanche, 29 août 1982

Histoire à dormir debout

Boule de vie
Encore si petit
Tu nous fais déjà des soucis ;
Tu pleures, tu gémis, :
- J'ai faim
- Je veux être changé.
Là on a compris
Et puis tu pleures, tu cries.
Pourquoi ?
Mais pourquoi ?
Là on ne comprend plus ce que tu nous dis.
Alors on s'inquiète on blêmit.
- Qu'est-ce qu'il a ?
- Mais qu'est-ce qui ne va pas ?
- Pourquoi s'énerve-t-il, ne digère-t-il pas ?
On te redonne le sein
Et c'est pas ça.
On te relange
Et c'est toujours pas ça.
Alors on stresse on blanchit
- Qu'est-ce que tu crois qu'il a ?
- Je ne sais pas
- Qu'est-ce qu'on fait ?
- Je n'en sais rien
Perplexes, on s'interroge.
Et puis à tout hasard,
On te questionne
Mais sans résultats …
On ne comprend pas ton … braille !
Alors on essaie
Les vieilles méthodes
On te berce, on te console,
On chantonne, on te cajole
Mais rien n'y fait,
Tu persistes et nous on s'effrite ;
Et quand, au bord du désespoir,
On s'apprête à ne plus y croire,
Prêts à appeler le médecin,
Brusquement,
Te voilà endormi,
Béat, ravi,

Parti pour ton paradis,
Celui des boules de vie
Où les grands sont interdits
N'étant pas assez sages
Pour comprendre leur langage
Et nous,
Nous on est là,
Morts de fatigue, tout ébahis
Que ce « cirque » soit enfin fini
Et si heureux
De voir ta mine à nouveau réjouie

Mais pas plus avancés pour autant,
Car demain peut-être un recommencement.
Sacrée boule de vie !
Avec la vie
Est un feu d'artifice
Aux couleurs gaies aux couleurs tristes.
Mais je t'en prie,
Laisse-nous au moins passer la nuit !
Boule de vie ...

Mardi, 31 août 1982

Chanson pour un marmot

Avec tes sourires d'angelot
T'as l'air d'un bibelot
Petit Joyau.

Au fond de ton berceau
T'as l'air d'un matelot
Joli marmot.

Après la tétée encore K.O.
T'as l'air d'un poivrot
Mon doux poulbot.

Dans ton baquet plein d'eau
T'as l'air d'un cachalot
Joli marmot.

Avec tes sourires d'angelot
T'as l'air d'un bibelot
Petit Joyau.

Mercredi, 1er septembre 1982

Tu m'as donné ...

Tu as aéré mes jours
Alors qu'ils étaient si lourds.

Tu as ensoleillé ma vie
Elle qui m'avait aigri.

Tu m'as redonné l'espoir
Et l'envie d'y croire.

Et puis…

Tu m'as donné cet Amour
Qui me fuyait depuis toujours.

Tu m'as donné le Bonheur
Comme on offre une fleur.

Tu m'as donné tes bras
A moi qui n'en avais pas.

Tu m'as donné ta main
Confiante en notre destin.

Tu m'as donné tant et temps
Que mon cœur bat en chantant !

Et voilà qu'aux plus beaux jours de notre Amour…

Tu me donnes cet enfant
Qui vient comme un couronnement.

Cet enfant de nous
Cet enfant de toi
Crois-moi
Il m'est bien plus doux
Que tous les présents de roi.
Cet enfant de nous
Cet enfant de toi
Comment te dire tout ce que je te dois
Toi qui m'as rendu fou d'AMOUR
Depuis que tu t'es éprise de moi
Comment te dire
Mais comment te dire tout cela
Tu m'as donné tu me donnes encore
Encore et encore…
Et moi
Moi je n'ai que des mots à te donner
Des mots d'amour des mots de tous les jours
Des mots pour tout des mots pour rien
Des mots faciles des mots puérils
Des mots
Toujours des mots rien que des mots
Et mon cœur.

Jeudi, 2 septembre 1982

Chère « Loire »

Ma « Loire » s'est endormie
Dans le creux de son lit.
Comme une feuille morte
Asséchée jusqu'à sa dernière sève
Par un été déjà trépassé,
Elle s'est échouée sur un banc de sable.
A tel point que les vers
Que pour elle j'avais faits,
Sur elle ont coulé
Comme de l'eau vive sur le cours paisible de sa nuit.
Ma « Loire » s'est endormie
Au fond de son lit ;
Son affluent le Loiret
L'a vidée
A force de boire
A sa source généreuse.
Mais à elle son petit loir est cher,
Si cher,
Qu'elle ne l'inonde même pas
De flots vindicatifs.
Ma « Loire » s'est endormie
Dans le creux de son lit
Et je suis là, à ses pieds,
Contemplatif et rêveur,
Me récitant les vers
Dont elle n'a pu se désaltérer,
Avant de me plonger
Dans le doux lit de ma « Loire »…
Au sein de ses bras.

Dimanche, 12 septembre 1982

Vagissements

Vagissements perçants
Qui vrillez mes tympans
Savez-vous combien je me sens
Impuissant
Devant vos appels déchirants
Savez-vous qu'il est dur d'être impuissant
Lorsque son cœur ne comprend
Les douleurs d'un enfant
Je vous en prie laissez-moi un moment
Rien qu'un moment
Juste le temps

De souffler un instant
De comprendre cet enfant
Pleurant…
…
Vagissements perçants
Voilà que vous cessez brusquement
Me laissant
Tout pantelant
Dans un silence étouffant
Avec mes soucis obsédants
Devant cet enfant
Qui dort rayonnant.

Mardi, 14 septembre 1982

Mathieu

A Mathieu

Mathieu
Sauras-tu jamais
Tout ce que tu es pour moi
Moi qui ne t'espérais pas
Moi qui n'osais même pas imaginer
Ton existence
Même dans mes plus folles espérances
Et pourtant
Tu es là
Fruit de ma chair
Et si cher à mon cœur.

Mathieu
Comment te dire
Ce Bonheur qui explose en moi
Chaque fois
Que je te tiens contre moi
Cet Amour qui m'emporte
Chaque fois
Que mes lèvres caressent ton visage si doux.

Ô Mathieu
Tu es là et…
Je ne le réalise toujours pas.

Mathieu
Sais-tu
Combien il est difficile
De ne pas se dire
Qu'il est à SOI
Cet enfant qu'on tient dans ses bras
On aimerait tant
Ne pas l'étouffer dans un carcan
De fades principes et vieilles « fripes »
Mais un Homme

Est fait de tripes et de sang
Il a des défauts et des lacunes
Moi autant qu'un autre
Il est si facile de se tromper

Surtout quand il faut guider un enfant
Je t'en prie
N'en tiens pas rancune
Un jour c'est toi
Qui sera à la « Une ».

Mathieu
Je t'Aime
Je t'Aime d'Amour
D'Amour fou
Fou de toi
Toi qui m'as souri
Comme seule sourit la Vie…

Mathieu
Ne crois-tu pas
Qu'il est temps
Que nous partions tous deux
Main dans la main
Apprendre la Vie ?
Tu me dirais les bonheurs simples
Je te dirais simplement le bonheur.

Viens Mathieu viens
Gab' nous attend.

Mercredi, 25 août 1982

Du même auteur

Autobiographie
À contre-courant, 1ᵉ édition, Desclée de Brouwer, 1999. 2ᵉ éditions, Worms, Le Troubadour, 2005 (épuisé).
En dépit du bon sens : autobiographie d'un têtard à tuba, préface ONFRAY M., Noisy-sur École, L'Éveil Citoyen, 2015 (épuisé)

Poésie
Toi Émoi, Worms, Le Troubadour, 2004
Corps accord sur l'écume Worms, Le Troubadour, 2010
Ikebana effervescent, Worms, Le Troubadour, 2012
Le jeune homme et la mort, Worms, Le Troubadour, 2016
Les chemins d'Euterpe, Autoédition MN, 2018
Divins horizons, Autoédition MN, 2020
Récoltes verticales, 1999-2002, Marcel Nuss, 2018
Femmes libertés, Autoédition MN, 2021
Allègres mélancolies, Autoédition MN, 2021
Les foudres d'Éros, Autoédition MN, 2019
Sérénité, Autoédition MN, 2019
L'existentialisme précaire d'un têtard pensant, Marcel Nuss, 2018
Chroniques poétiques, Autoédition MN, 2021
Le quotidien des jours qui passent, Autoédition MN, 2020

Essais
La présence à l'autre : Accompagner les personnes en situation de dépendance, 3ᵉ édition 2011, 2ᵉ édition 2008, 1ᵉ édition 2005, Paris, Dunod.
Former à l'accompagnement des personnes handicapées, éditions Dunod, 2007 (épuisé).
Oser accompagner avec empathie, préface COMTE-SPONVILLE A., Paris, Dunod, 2016
Je veux faire l'amour, Paris, Autrement, 1ᵉʳᵉ édition 2012, Autoédition, 2ᵉ édition 2019.
Je ne suis pas une apparence, Autoédition MN, 2021

Romans érotiques
Libertinage à Bel Amour, Noisy-sur-École, Tabou Éditions, 2014 (épuisé)
Les libertines, Paris, Chapitre.com, 2017 (épuisé)
Le crépuscule d'une libertine, Paris, Chapitre.com, 2018 (épuisé)

Réédition en version originale :
Les feux d'Héloïse, BoD, 2021
    1 Con joint
    2 Con sidéré
    3 Con sensuel

Nouvelles
Cœurs de femmes, Paris, Éditions du Panthéon, 2020
Ruptures, Paris, Éditions Saint-Honoré, 2021
Incarnations lascives, BoD, 2021

Sous le pseudonyme de Mani Sarva
Horizons Ardents, Paris, Éditions Saint-Germain-des-Prés, 1990 (épuisé).
Divine Nature, prix de la ville de Colmar 1992, Éditions ACM, 1993 (épuisé).
Le cœur de la différence, préface JACQUARD A., Paris, L'Harmattan, 1997

Essais en collaboration avec :
COHIER-RAHBAN V. *L'identité de la personne « handicapée »*, Paris, Dunod, 2011
ANCET P. *Dialogue sur le handicap et l'altérité : ressemblance dans la différence*, Paris, Dunod, 2012

Essais dirigés par l'auteur
Handicaps et sexualités : le livre blanc, Paris, Dunod, 2008
Handicaps et accompagnement à la vie sensuelle et/ou sexuelle : plaidoyer en faveur d'une liberté !, Lyon, Chronique Sociale, 2017

Table des matières

- L'apparition 11
- Manuel 11
- Hymne au soleil 12
- Le droit d'aimer 12
- Vivre libre 13
- L'étalon noir 13
- Rêve 13
- Louanges pour une inconnue 14
- Sacrée monogamie 14
- Ô Ève tes yeux 14
- Prière pour ? 15
- Renaître 15
- Amour quand tu nous tiens 16
- Petit trou 16
- Ces doux mots 16
- Sous le signe de la souffrance 17
- Au nom de ce que j'ai de plus cher sur Terre 18
- Elle est venue 18
- Ne pourrait-elle 19
- Trac 19
- Je te regarde 19
- J'imagine 20
- Noël, Noël 21
- Un épi pour une loterie 21
- Credo 22
- Je suis fou 22
- Requiem 23
- L'homme-saisons 23
- Déchirure 24
- Désillusion 25
- Obsession 25
- Utopie 26

Brève rencontre	27
ou l'éternelle cigarette	27
Carmen ou l'idéal	28
Cercle infernal	29
Pauvre mortel	30
Le paria	31
Femme	31
ou l'incompréhensible incomprise	31
Fumée	32
Cafard	33
Le poème à Damaris	34
Voyage au pays du bonheur	35
Euthanasie	36
Etre	37
Douceur	38
Rivages	38
Bonheur	39
Pluie	40
Avant-propos	43
Sérieux !	44
J'ai vu ce soir un homme heureux…	45
Première rencontre	46
Je + Tu = Nous	47
Utopie nocturne	48
Un pauvre hère	49
Credo pour une femme que j'aime	49
Amour	50
Fusion	50
Feu de bois	51
Mélodie pour la complainte d'une vie	52
Fleur de pavot	52
Identité	53
Amour désespoir	55
Orgueil	56

La clé et la serrure	56
Mariage	57
Libérez	57
Vivre	58
L'arriviste	59
Le pessimiste	60
L'idéaliste	61
Pingre	61
Espace nocturne	62
Square	63
Infini	63
Se lever	64
Elévation	64
Arc-en-ciel	65
Coup d'essai	66
Supplique à Cathy	67
Supplique à Gab	67
Petite fille	68
Dormir…. Eternellement	68
Aberration	69
Amour	69
Désespoir	70
Une histoire d'amour	70
Te dire ce qu'est l'Amour	71
La vie	72
Rien qu'un homme	73
Nostalgie	74
Que cherches-tu l'homme ?	75
Bonne année ?	76
Post-scriptum	77
« Skippy » ma chérie	85
Etre père	86
Lit à trois	87
Echographie	87

Comme un fruit mur 88

Je vous attends … 89

Passion-déraison.. 90

Histoire à dormir debout 91

Chanson pour un marmot 92

Tu m'as donné 92

Chère « Loire »... 94

Vagissements... 94

Mathieu 95

Du même auteur.. 97